Jemima Morrell

Miss Jemimas Journal

Jemima Morrell

Miss Jemimas Journal

Mit Thomas Cook auf der ersten Reise
in die Schweizer Alpen

Aus dem Englischen von Heike Steffen

Mit einem Vorwort von Andreas Lesti

Mit vier Schwarz-Weiß-Abbildungen
und zwei Karten

MALIK NATIONAL GEOGRAPHIC

Mehr über unsere Autoren und Bücher:
www.malik.de

Bibliografische Information der Deutschen Nationalbibliothek
Die Deutsche Nationalbibliothek verzeichnet diese Publikation in der Deutschen Nationalbibliografie; detaillierte bibliografische Daten sind im Internet über http://dnb.d-nb.de abrufbar.

MALIK NATIONAL GEOGRAPHIC

Erstmals im Taschenbuch
August 2015

Die Originalausgabe erschien 1963 unter dem Titel »Miss Jemima's Swiss Journal« bei Putnam & Co. Ltd., London.
Redaktion: Kristina Langenbuch, Berlin
Umschlaggestaltung: Dorkenwald Grafik-Design, München
Umschlagfotos: Ullstein Bild – Histopics (vorne: Wanderung über das Mer de Glace), Archiv Thomas Cook (vorne: Miss Jemima, hinten, Autorenfoto)
Innenteilfotos: akg-images (S. 134), Archiv Thomas Cook (S. 24, 44), Zentral- und Hochschulbibliothek Luzern, Sondersammlung (S. 88)
Karten: Stephanie F. Scholz
Satz: Fotosatz Amann, Memmingen
Litho: Lorenz & Zeller, Inning a. A.
Papier: Naturoffset ECF
Druck und Bindung: CPI books GmbH, Leck
Printed in Germany ISBN 978-3-492-40571-3

Das Papier wurde aus chlorfrei gebleichtem Zellstoff hergestellt.

INHALT

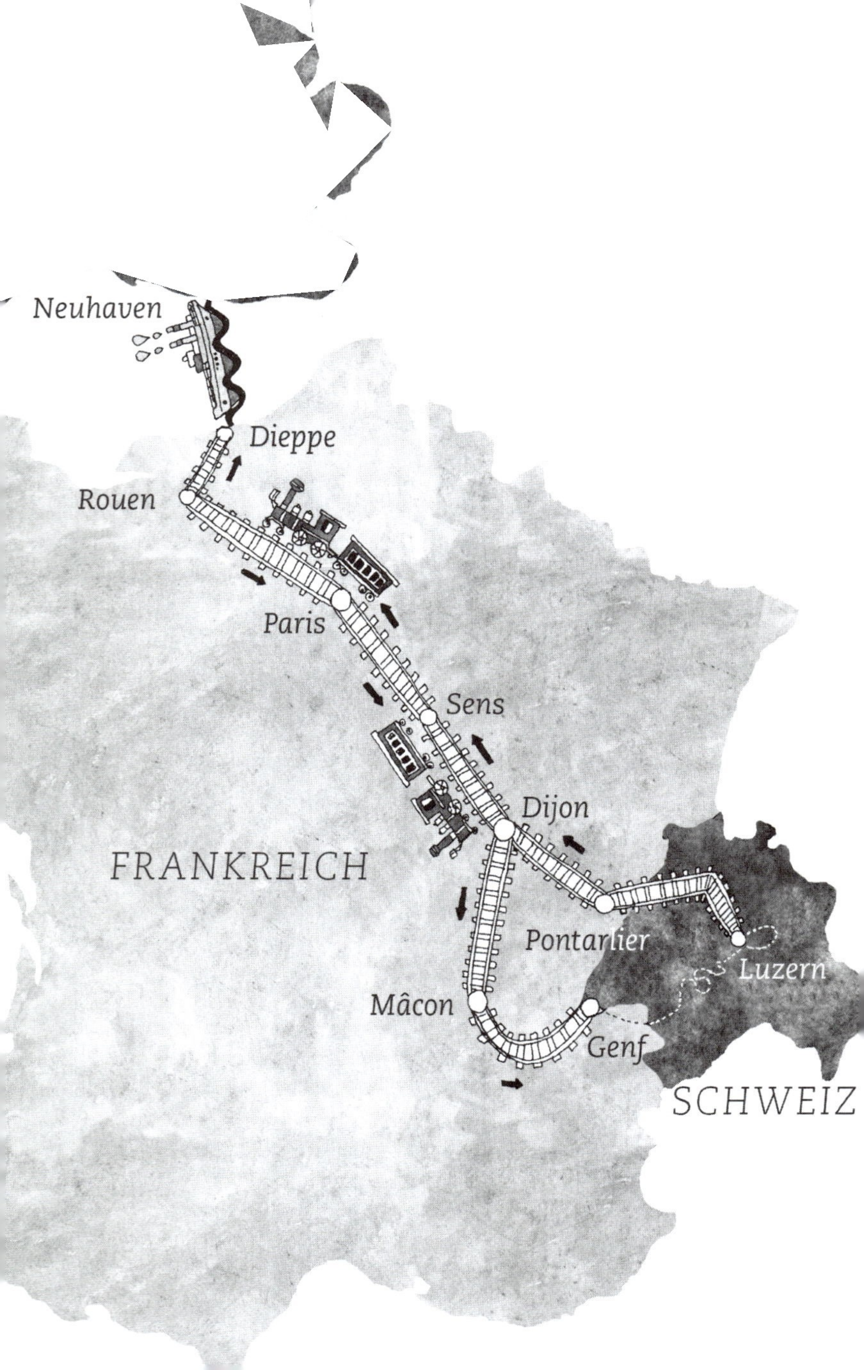

Neuhaven
Dieppe
Rouen
Paris
Sens
Dijon
FRANKREICH
Pontarlier
Luzern
Mâcon
Genf
SCHWEIZ

VORWORT

Gipfel, Pässe und Gletscher, Führer und Maultiere und eine junge Dame, die alles aufschrieb – eine Spurensuche in der Schweiz

– VON ANDREAS LESTI

Es war ein Sonntag im Mai, als ich mich in der Schweiz auf die Spurensuche nach Miss Jemima Morrell machte. Eigentlich war ich davon ausgegangen, dass es bald Sommer würde in den Alpen – es sollte anders kommen. Unwirtlicher, kälter, abenteuerlicher ... aber davon später mehr.

Am Anfang dieser Reise stand ein Dokument: »Miss Jemimas Journal«, das nun endlich auf Deutsch erscheint, flatterte eines Nachmittags als angehängte Datei mit einer E-Mail in mein Schreibzimmer. Paul Smith, der Archivar des Reiseunternehmens Thomas Cook, hatte es mir auf meine Anfrage hin, ob er Informationen zur ersten Thomas-Cook-Reise durch die Schweiz habe, zugeschickt. Ich klickte auf die Datei, und meine Überraschung und Faszination waren mindestens so groß wie später jene über den Sommerschnee auf dem Gemmipass. Miss Jemima zog mich mit ihrem Stil, ihrem Humor, ihrer

Schärfe und ihrer Ironie innerhalb von Minuten in ihren Bann. Schon allein die Gepäckfrage – zweifellos vor jeder großen Reise eine sehr wichtige Frage – machte mir klar, dass dieses »Journal« ein ganz besonderes Schriftstück über die Alpen ist: *Monsieur und Madame Angeville und Mrs Winkworth mögen den Montblanc und die Jungfrau bezwungen haben, die Damen Misses Jemima, Sarah, Eliza und Mary jedoch haben die weltumspannend wichtige Gepäckfrage gelöst und beanspruchen für sich, mit weniger Bagage in die Alpen gereist zu sein als je ein Tourist zuvor (und die Hotelportiers schmeichelten ihnen unwissentlich mit der süßen Frage: »Wo sind Ihre Schachteln?«).*

Ich schrieb damals gerade am vierten Kapitel meines Buches *Oben ist besser als unten* und beschäftigte mich mit den Anfängen des Tourismus in den Alpen. Nachdem Landschaftsmaler und Schriftsteller, Vermesser und Bergsteiger die Berge für sich entdeckt hatten, kam langsam auch ein touristisches Interesse auf, diese viel beschriebene Landschaft mit ihren Gipfeln und Gletschern zu besichtigen. Erst kamen sie auf eigene Faust, bis dann, von Ende Juni bis Mitte Juli 1863, die ersten Pauschaltouristen durch die Alpen reisten. Noch hatte keiner Notiz davon genommen, dass diese eigentümliche Reisegruppe die Zukunft der Schweiz bestimmen würde.

Aber vielleicht noch ein paar Worte zu Thomas Cook: Er war ein Pfarrerssohn aus Leicester und hat schon in den 1840er-Jahren organisierte Reisen nach Schottland, London und Dublin angeboten. Das neue Geschäft lief so gut, dass er 1855 auch Touren auf dem Kontinent organisierte. Aber die Schweiz, das war eine ganz neue Herausforderung: Es gab noch keine Bergbahnen, das Transportwesen ließ zu wünschen übrig, und die Sprache der Einheimischen mochte in den Ohren britischer Bildungsbürger geklungen haben wie das Röhren eines Steinbocks. Man reiste in der Postkutsche, und immer wenn es irgendwo den Berg hinaufging (was in der Schweiz sehr häufig der Fall ist), mussten Träger und Führer angeheuert werden. Kurzum: Eine Schweizreise war damals ein sehr exotisches Abenteuer. Die Cook-Gruppe war am 26. Juni 1863 in London gestartet. Die Teilnehmer der »First Conducted Tour of Switzerland« hatten »Switzerland with cheaptickets to Mont Blanc« gebucht und waren über Paris nach Genf und Chamonix am Montblanc gereist (das ist zwar in den französischen Alpen, aber da wurde damals nicht groß differenziert). Von dort ging es ins Rhônetal, nach Sion und Leukerbad, über die Gemmi nach Interlaken, dann über den Brünigpass und schließlich nach Luzern, von wo aus man sich aufmachte, die Rigi zu besteigen, um auf dem Gipfel den Sonnenauf- oder auch -untergang zu bewundern. Nach drei Wochen brachte die Bahn die Reisenden über Paris zurück nach London. Und dass wir heute so genau wissen, wie sie gereist sind und was sie damals alles erlebt haben, verdanken wir jener jungen und tollkühnen Engländerin: Miss Jemima Morrell. Im Gegensatz zu Thomas Cook, der die Gruppe nach einer Woche verließ, weil seine Geschäfte ihn in London verlangten, hat diese junge britische Dame die ganze Reise von Anfang bis Ende mitgemacht und alles ebenso genau wie bissig notiert. Gleich eingangs vermerkte sie: *Die Gefahren der Alpentouristik lassen sich in zwei Kategorien unterteilen, die realen und die imaginierten, und im Rückblick sollte sich erweisen, dass die unseren allesamt zu Letzteren zählten.*

Die ersten hohen Berge bewundert sie in Chamonix, am Montblanc, an dessen Flanken die Gletscher bis ins Tal fließen; sie staunt über die Nadelspitzen des Dôme du Goûter, die wie Palisaden vor den Walliser Alpen stehen. Und um ihre Gedanken und Bilder zu relativieren, zitiert sie Ruskin, Wordsworth und Dante, ist aber zugleich tollkühn genug, um 27 Kilometer über den Col de Balme von Chamonix nach Martigny zu laufen. In Martigny verabschiedet sich Mr Cook, und nun fängt die Reise der kleinen Gruppe um Miss Jemima, die sich den ambitionierten Namen »Junior United Alpine Club« gegeben hat, erst richtig an.

Ich begab mich also im Mai nach Leukerbad an den Fuß des Gemmipasses, um genau diesen alpinen Teil ihrer Reise nachzuvollziehen – und um zu sehen, ob heute noch Spuren von Miss Jemima zu finden sind. Von diesem Ort, der heute vor allem dafür bekannt ist, dass er pleite ist, fährt eine Bahn in sieben Minuten hinauf zum Gemmipass und schwebt über einen der außergewöhnlichsten Alpenpfade überhaupt hinweg, der von oben aussieht wie eine schlechte Naht, die die Daubenwand und den ganzen Berg zusammenhalten soll. Die Bahn gab es damals natürlich nicht, und der Fußmarsch flößte angemessenen Respekt ein: *Die furchtbare Gewalt dieser Felsen ließ uns, als wir uns unter ihren überhängenden Wänden vorwärtsschoben, erzittern, da sie im Geiste unwillkürlich Gedanken an das Ende und den Untergang der Welt heraufbeschworen.*

Oben beginnt die Strecke über den Pass, also die Passage zwischen Gemmibahn und Sonnenbühl, und die muss man auch heute noch zu Fuß gehen. Eigentlich rechnete ich nicht mit Schnee, aber ich hatte schon oft genug Wintereinbrüche im Mai oder auch Juni, Juli, August erlebt, um zu wissen, dass das in den Bergen immer passieren kann. In den Tagen vor meiner Anreise hatte es dort oben so heftig geschneit, dass der Marsch entlang des Sees nicht weniger abenteuerlich war als damals. Das Gehen fühlte sich an, als würde man sich auf einem Steptrainer quälen: Immer wieder versank ich langsam und bis zum Oberschenkel im nassen Schnee. Aber immerhin: Schnee gab es auch am 3. Juli 1863: ... *zwei Mitglieder des Junior United Alpine Club, die sich einen Vorsprung verschafft hatten, [nahmen uns] mit Schneebällen unter Beschuss und beraubten somit eine ähnliche Kampagne, die wir als Dank für vorangegangene Wohltaten für sie geplant hatten, ihrer Frische.* Und was während der folgenden ausgiebig beschriebenen Schneeballschlacht noch passiert, ist so kurios, dass man denken könnte, nun ginge Miss Jemima die Fantasie durch, man nach kurzem Innehalten aber zu dem Schluss kommt, dass dergleichen unmöglich auszudenken ist. Ein ... nein, ein Vorwort darf schließlich nicht alles verraten.

Mehr als eine Stunde lang sah ich keinen Menschen, nur die Murmeltiere sprangen neugierig über die Felsen. Dann kehrte langsam die Zivilisation zurück: Erst verhallte zwischen den Felswänden der Schuss eines Jägers, dann stakste eine Gruppe holländischer Wanderführer auf Ausbildungstour durch die Landschaft – und schließlich zeichnete sich das »Berghotel Schwarenbach« ab. Es liegt etwas unterhalb des Daubensees auf 2060 Metern und ist eigentlich kein Hotel, eher eine große Berghütte. Der Wirt, Peter Stoller, ist ein freundlicher Mann mit großer Brille, grauen Haaren und blauen Augen, und wenn nicht viel los ist, erzählt er gerne von der langen Geschichte dieses Hauses. »1742 war es als Zollstation zwischen dem Berner Oberland und Wallis eine der ersten Alpenhütten in der

Schweiz«, sagte er. Dann holte er zwei alte, in Leder gebundene Gästebücher und eine Hauschronik aus dem Nebenzimmer. Peter Stoller sagte: »Das ›Schwarenbach‹ war schon damals gerade richtig als Etappenziel – egal, ob man von Kandersteg oder von Leukerbad aus kam.«

Aber das hörte ich schon gar nicht mehr richtig, denn über der geöffneten Chronik kam ich aus dem Staunen nicht mehr heraus. Die Gästeliste dieser ganz gewöhnlichen Berghütte liest sich wie die Leseliste eines literaturwissenschaftlichen Seminars: Horace-Bénédict de Saussure, Adelbert von Chamisso, Alexandre Dumas, Edward Whymper, Jules Verne, Guy de Maupassant, Mark Twain, Sir Arthur Conan Doyle und auch Pablo Picasso waren hier. Gästebücher sind leider nur zwei erhalten, eines aus den 1930er-Jahren und eines mit der Aufschrift »1868 bis 1875«. Es enthält lustige Zeichnungen von Lammgeiern und schnapstrinkenden Gipfelstürmern, von Murmeltierflaggen und pfeiferauchenden Gämsen – Einträge englischer Schelme aus dem Jahr 1869. Dann folgen viele Seiten, auf denen mit schönster Tintenschrift mühevoll Reisegruppen aufgelistet wurden. Auch Miss Jemima erwähnt das »Schwarenbach«, aber das Gästebuch aus dem Jahr 1863 gibt es leider nicht mehr, und der Eintrag der ersten Pauschalreisenden bleibt ein Geheimnis der Geschichte.

Schon am nächsten Tag stand die Cook-Gruppe am Staubbachfall im Lauterbrunnental bei Interlaken. Sie waren vom »Schwarenbach« nach Kandersteg gelaufen, mit der Kutsche nach Spiez gefahren und dann mit dem Schiff nach Interlaken gekommen. Und ich folgte ihnen. Der Staubbachfall schießt über die Felskante, und das Wasser spritzt fast 300 Meter durch die Luft; dabei verteilt die Thermik es in alle Himmelsrichtungen. Das Staunen am Staubbachfall gehörte schon zum festen Bestandteil der Bildungsalpenreise im 18. und 19. Jahrhundert. Die Bergregion unter den Bergen Eiger, Mönch und Jungfrau kann man jedoch nicht mehr mit dem Jahr 1863 vergleichen. Heute führen Zahnradbahnen an unmögliche Orte, und auf der Kleinen Scheidegg, immerhin auf 2000 Metern, treffen sich Bahnen aus drei verschiedenen Richtungen. Eine davon ist die Jungfraubahn, die von hier aus noch mal 50 Minuten und fast 1500 Höhenmeter nach oben fährt, zum höchsten Bahnhof Europas, 3454 Meter über dem Meer, »The Top of Europe« genannt.

Oben drängten Reisegruppen kurzatmig aneinander vorbei. Eine davon folgte einem Mann mit einer Thomas-Cook-Fahne. Ein Teilnehmer aus Mumbai erzählte, dass sie gestern in Innsbruck gewesen seien und morgen in Heidelberg sein würden. Sie hatten in Indien »Europe: 15 days, 9 countries«, neun europäische Länder in 15 Tagen, gebucht. Das zeigt nicht nur, wie eine Schweizreise heute funktioniert, es zeigt auch, was die Globalisierung aus dem Unternehmen Thomas Cook gemacht hat. Doch von der Thomas-Cook-Reisegruppe von 1863 fand ich auch hier keine Spur: nicht auf dem Jungfrauenjoch, nicht am Staubbachfall, nicht im Archiv der Pfingstegg-Luftseilbahn in Grindelwald, von wo aus die Gruppe damals hinauf zum Grindelwaldgletscher und zur »Stieregghütte« gewandert war. Doch diese Hütte wurde 2005 durch einen Hangrutsch komplett zerstört. Also wieder nichts. Man schickte mich ins Heimatmuseum in der Dorfstraße, aber auch dort fand ich nichts. Und dann gab man mir Telefonnummern von irgendwelchen Menschen mit irgendwelchen Kenntnissen, die ich dann aber irgendwie nie erreichte. Langsam begann ich, an der Existenz dieser Miss Jemima zu zweifeln. War dieses »Journal« am Ende vielleicht nur ein Marketinggag der Thomas-Cook-Pressestelle? Und zu allem Überfluss schneite es noch immer, als wollte der Schnee die möglicherweise letzten verbliebenen Spuren verdecken.

In einem Chalet gleich neben dem »Schwarenbach« wohnte damals der Bergführer Melchior Anderegg: Er war der erste Bergführer, der 1856 den Altels bestieg, um Mr Hinchlifie von »jenem anderen Alpine Club« zu begleiten. Mit »jenem anderen Alpine Club« meinte Miss Jemima den Londoner Alpine Club, der sechs Jahre zuvor als erste Bergsteigervereinigung der Welt gegründet worden war und zum Vorbild für alle anderen wurde. Einziges Manko: Er war ein reiner Männerclub. Miss Jemimas Vereinigung bestand dagegen aus vier Frauen und drei Männern – man demonstrierte also weibliche Unabhängigkeit. Und das zeigt, dass Miss Jemima auch in emanzipatorischer Hinsicht ihrer Zeit weit voraus war. Ihr Junior United Alpine Club war damals ein Akt der Rebellion. Schade nur, dass er keine große Zukunft hatte. Der Alpine Club dagegen wurde weltbekannt – die ersten Frauen nahm er erst 1974 auf.

Miss Jemima lässt keine Gelegenheit aus, »jenen anderen Club« zu parodieren. Als sie die Gemmi erreichen, schreibt sie im Stil großer Expeditionen heroisch: *Gut 2100 Meter, die höchste Höhe, die bis dato vom Junior United Alpine Club bezwungen ward.* Und als es um die Frage der Kleidung in den Bergen geht, bringt sie den eher weniger für modische Avantgarde bekannten Alpine Club wieder subtil ins Gespräch: *Dem Beirat des J. U. Alpine Club liegt es fern, sich in ungebührlicher Weise über die Rückständigkeit anderer Vereine bezüglich der Anpassung an die jüngsten Neuerungen in der*

Kunst des Reisens zu mokieren. Dann plädiert sie für das Tragen von Knickerbockern.

Ich reiste weiter zur Rigi, der letzten wichtigen Station von Miss Jemimas Schweizreise. Von Interlaken ging es mit dem Dampfschiff nach Brienz, per Kutsche nach Luzern und per Schiff über den Vierwaldstätter See nach Weggis. Ich fuhr mit der *Uri*, einem blitzsauberen alten Schaufelraddampfer, über den verwirrend verzweigten See, von dem manche Schweizer sagen, er symbolisiere das Kreuz in der Nationalflagge, und konnte in etwa nachempfinden, wie Miss Jemima gereist war, die ebenfalls vom Schiff aus ihr Tagesziel fokussierte: *Gegenüber erhob sich die Rigi in unbewegter Zufriedenheit entweder ob oder trotz ihrer allgemeinen Beliebtheit. Ganz oben auf ihrem Kamm war ein winziger Fleck zu erkennen, ein Haus, das dem Anschein nach kaum groß genug war für einen Zaunkönig, doch zwanzig oder dreißig Wandergruppen wie die unsere beherbergen konnte. Auf diesen Kamm dort oben mussten wir, komme, was wolle, bis Sonnenuntergang gelangt sein.*

Mit einem langen Ton aus dem Schiffshorn legte die *Uri* in Weggis an, und auf einem der gelben Wanderwegweiser stand: »Rigi-Kulm 4 Std. 20 Min.« Wo heute der Wegweiser steht, warteten 1863 Scharen von Trägern mit Pferden auf die Touristen: *Wir landeten in Weggis, und wäre jeder Mann, Junge und Maultiertreiber, der sich dort auf uns stürzte, eine Wespe gewesen und jedes Wort ein Stich, Weggis hätte unsere sterblichen Überreste aufnehmen müssen. Wir wurden von den aufdringlichen Gesellen buchstäblich belagert, bedrängt und umkesselt.* Doch erst als sie sagen, sie hätten schon den Montblanc bestiegen, können sie sich die Meute vom Hals halten: *Damit konnte kein Mann der Rigi mithalten.* Was Miss Jemima hier beschreibt, ist schon eine Andeutung darauf, dass die Rigi in den folgenden Jahren ein trauriges Beispiel dafür wurde, wie man es im Tourismus übertreiben kann. Im späten 19. Jahrhundert befanden sich hier neun Grandhotels mit 3000 Gästebetten, und von fast jeder Seite des Massivs konnte man mit einer Bahn hinauffahren, um oben auf einer Art Marktplatz Souvenirs zu kaufen. Die erste Zahnradbahn war 1871 zugleich die erste Bergbahn in den Alpen und hatte all die aufdringlichen Träger ersetzt. Thomas Cooks erste Gäste kamen also einfach acht Jahre zu früh.

Dieser Trubel ist heute schwer vorstellbar. Auf dem einsamen Wanderweg marschierte ich durch bunte Blumenwiesen mit Orchideen, dann durch den Wald, an großen Nagelfluhfelsbrocken vorbei bis zum »Felsentor«, wo ich tatsächlich durch ein riesiges natürliches Portal ging. Der Weg heißt heute Mark-Twain-Weg, und auf verschiedenen Tafeln erinnern Textauszüge daran, dass der amerikanische Autor hier war. Von Miss Jemima jedoch: keine Spur. In Rigi-Kaltbad traf ich auf die Zahnradbahntrasse, die bis nach Rigi-Staffel und weiter zum höchsten Punkt fährt: Rigi-Kulm, wo die Bergdohlen auf dem Geländer der Aussichtsterrasse warteten.

Das »Rigi-Kulm Hotel« ist seit fast 200 Jahren ein besonderes Haus auf der Spitze dieses Berges. 1816 erbaut, zog es schnell die damals sehr modernen Landschaftsmaler an, die die Aussicht samt Sonnenuntergang verewigten und den Ort bekannt machten. Das Spezielle war und ist: Die Rigi ist kein Berg in den Bergen, sondern eher vor den Bergen. Sie erhebt sich auf einer Halbinsel des Sees, ist leicht zu besteigen, und wer es bis zum Gipfel geschafft hat, der sieht fast alle hohen Berge der Schweiz, die sich dahinter aufreihen. Das wollten sie alle sehen, und daher ist die Gästeliste des »Rigi-Kulm« noch imposanter als die des »Schwarenbach«: Goethe und Joseph von Eichendorff waren hier, Carl Maria von Weber und Victor Hugo, Adalbert Stifter, Felix Mendelssohn Bartholdy und Richard Wagner, König Ludwig II. von Bayern und Königin Victoria, Karl May und Mark Twain. Twain war 15 Jahre nach der Cook-Gruppe hier und hat sich sehr amüsant über die Cook-Touristen und den *Baedeker* lustig gemacht. Miss Jemima und ihre Begleiter gehen nach dem langen Aufstieg erschöpft zu Bett: *Wir schliefen in einem oberen Stockwerk des Hotels, ruhig wie ein Adler in seinem Horst, nur dass der Wind seinen frostigen Atem über die schneebedeckten Gipfel blies und prasselnde Salven gegen die Fensterflügel warf, ein sozusagen verbaler Rüffel dafür, dass wir, ihrem Hoheitsgebiet so nah, überhaupt schliefen.*

Als draußen die Sonne unterging, hatte Renate Käppeli, die Direktorin des Hauses, Zeit, um über die Geschichte der Rigi, mit der sie sehr gut vertraut ist, zu sprechen. Ich erzählte ihr, dass ich auf den Spuren der ersten Cook-Touristen unterwegs sei, und sie zögerte keine Sekunde, wusste, dass sie 1863 hier gewesen waren, und holte das entsprechende Gästebuch. Im Gegensatz zum »Schwarenbach« war das »Rigi-Kulm« immer schon mehr Hotel als Berghütte, und der Concierge hat die Bücher nur beim Empfang kurz herausgegeben – diese Ordnung sieht man ihnen noch heute an. Ich blätterte durch die Jahre. Am 2. August 1862 waren Besucher aus Rio de Janeiro da, im Juni 1863 eine Gruppe aus Berlin, und dann, am 9. Juli 1863, finde ich sie, genau wie in den Aufzeichnungen von Miss Jemima fein säuberlich aufgelistet: die Teilnehmer der ersten Thomas-Cook-Reise durch die Alpen.

Basel
Olten
Neuchâtel
Pontarlier
Luzern
Weggis
Alpnach
Stansstad
Sarnen
Brienz
Giessbach
Interlaken
Grindelwald
Spiez
Wengernalp
Lauterbrunnen
Kandersteg
Gemmi
Genf
Leukerbad
Martigny
Sion
Chamonix
Mer de Glace

per Zug
per Postkutsche
zu Fuß/
mit Maultieren

BESCHLUSS

Bei der 21. ordentlichen Mitgliederversammlung des Junior United Alpine Club, die am 14. Juli 1863 in Paris abgehalten wurde, erging einstimmig folgender Beschluss:

Es wird beschlossen,
»Miss Jemima als die Künstlerin der Expedition zu bitten, in der laufenden Saison einen Bericht über die Wanderungen des Clubs zur Aufnahme in dessen Annalen zu verfassen; wobei die Veröffentlichung auf ihre Kosten zu erfolgen hätte. Der Club ist für die Meinungen einzelner Mitglieder nicht haftbar zu machen.«

DRAMATIS PERSONAE

Vorstand und Mitglieder des Junior United Alpine Club:

Miss Eliza:	»Reiseleiterin, Philosophin und Freundin«, ehrenamtliche Exkursionsärztin (Allopathin)	Fahrende Calvinistinnen
Miss Mary:	Französisch-Übersetzerin	

Miss Jemima: Künstlerin
Miss Sarah: Europareisende
Mr William: Zahlmeister

Mr Tom, P.B.S.: *Professeur* (28 Jahre alt), passionierter Briefschreiber, in den deutschen Kantonen Übersetzer, ehrenamtlicher Exkursionsarzt (Homöopath)
Mr James: Französisch-Übersetzer und Poeta laureatus
Mr Cook: Reiseleiter

Mr Lowe:	Der Artillerist	Mr Cooks Begleiter
Mrs H.:	»Die einsame Gefährtin«	
Monsieur le Gauche		
»Sphinx«		

Mathilde
Reverend Littlegrace (Interlaken)
Der vornehme Engländer mit Ziel Faulhorn
Bergführer, Hoteliers, *Douaniers*, Bettler, Polizisten und andere

Reisezeit: 25. Juni bis 17. Juli 1863

EINLEITUNG

Welch bange Frage dieser alljährliche Ausflug nun doch wird! Alle Welt war schon in Schottland, einige von uns kennen Land's End, Irland ist nicht jedermanns Sache, die Weltausstellung hat uns allen London vergällt, Scarbro' eignet sich nur für Invalide und Kinder, den Lake District haben wir vor Jahren abgehakt, und Fleetwood ist schlimmer als Scarbro' – wohin soll es als Nächstes gehen?

Mr Williams, angetrieben von der Sehnsucht nach »neuen Ufern, wo lockt ein neuer Tag« und zu seiner Überraschung durch ein schriftstellerisches Abenteuer mit dem reizvollen Sujet der Einkommensteuer in den Besitz eines *sehr* kleinen Vermögens gelangt, drohte zum Schrecken seiner Freunde mit einer Exkursion nach Norwegen, beugte sich aber schließlich der Schwierigkeit, im Rahmen einer zehntägigen Reise (von denen allein sechs auf der Fahrt nach und von Christiania zu verbringen wären) das Nordkap gründlich zu erkunden, auch wenn die Tage dort dreißig Stunden dauerten. Das Problem wurde unerwarteterweise von Mr Cook, dem der Ruf des erfahrenen Reisenden vorauseilt, gelöst, der zur Vorbereitung eine Tour in die Schweiz ankündigte, »mit billigen Tickets zum Montblanc«. Miss Jemima sagte, so sich eine passende Begleitung finden sollte, ihre Teilnahme zu.

Bekanntermaßen haben Damen schon früher ihre bereitwillige Zustimmung zu weitaus längeren Reisen gegeben als zu dieser, und so fanden sich drei, die es zufrieden waren, zuerst diese kürzere zu versuchen. Wir wollen sie Miss Sarah, eine echte Cousine von Miss Jemima, sowie Miss Eliza und Miss Mary nennen, Schwestern, die für einige Zeit ebenfalls als Verwandte der echten Cousinen durchgingen. Mr Tom war unerschrocken genug, sich einer so formidablen Gruppe anzuschließen, welche von da an als der Junior United Alpine Club geführt wurde, dessen Abenteuer auf den folgenden Seiten zu finden sind.

EN ROUTE

Der Junior United Alpine Club:
Jemima Morrell ist die Dritte von links.

Donnerstag, 25. Juni 1863
Marschordnung

Die erste Vollversammlung des Clubs fand am Donnerstag, dem 25. Juni 1863, in einem Hinterzimmer des Hotels Shirley statt.

Die Mitglieder waren aus allen Teilen Englands zusammengekommen, und nachdem sie sich von ihren verschiedenen Aufenthaltsorten her eingefunden hatten – die Künstler von der Royal Academy, die Gentlemen vom House of Commons, die Doktoren von ihrem letzten Besuch bei dem *einen* Patienten –, nachdem Taschen, Rucksäcke und andere Notwendigkeiten erworben, überholt und einer kritischen Begutachtung unterzogen worden waren und man einige Zeit mit gegenseitigen Vorstellungen und Begrüßungen verbracht hatte: …

Nachdem der Vorsitzende, auf der Kante eines Reisekoffers sitzend, darum gebeten hatte, es möge nicht mehr als die Hälfte der Anwesenden zur selben Zeit reden, ging der Club zur Tagesordnung über, und die Vorstandsmitglieder für die Saison wurden bestimmt. Eine Schwierigkeit ergab sich bei der Auswahl eines von zwei Bewerbern für den Posten des ehrenamtlichen Exkursionsarztes, die, wie üblich, zwei komplett gegensätzliche Methoden vertraten. Da keiner von ihnen bereit war, seinen beziehungsweise ihren Anspruch, der von den jeweiligen Anhängern lebhaft unterstützt wurde, fallen zu lassen, wurde am Ende beschlossen, sie beide zu ernennen, sodass es den Mitgliedern vorbehalten blieb zu entscheiden, wen sie jeweils einbestellen wollten, auch wenn beide Kandidaten vor den fatalen Folgen warnten, die ein solches Vorgehen nach sich ziehen könnte. Der Club befand diesen Plan für überaus zweckmäßig, da er der Gefahr, es könne je einen Mangel an Gesprächsthemen geben, Einhalt gebot, waren doch die rivalisierenden Kandidaten jederzeit bereit, ihre eigene Methode zu verteidigen und die des Gegners zu attackieren. Der Zahlmeister sprach seinen Dank für seine Wahl aus und verkündete in die tiefe Stille hinein, 680 Franken für die Tickets in die Schweiz und zurück seien bereits an Mr Cook ausbezahlt worden. Anschließend wurde das Gepäck der Mitglieder nach einigem Bemühen erheblich in seinem Umfang reduziert.

Der Club hat ob seines Erfolgs in dieser Angelegenheit besondere Gratulationsnoten an sich selbst ausgestellt. Monsieur und Madame Angeville und Mrs Winkworth mögen den Montblanc und die Jungfrau bezwungen haben, die Damen Misses Jemima, Sarah, Eliza und Mary jedoch haben die weltumspannend wichtige Gepäckfrage gelöst und beanspruchen für sich, mit weniger Bagage in die Alpen gereist zu sein als je ein Tourist zuvor (und die Hotelportiers schmeichelten ihnen unwissentlich mit der süßen Frage: »Wo sind Ihre Schachteln?«). Wie auch immer es um die wahren Gefühle der Mitglieder bestellt sein mochte, da es nun zu spät war umzukehren, gab ein jeder sein Bestes, sich zum Wohle der Mitreisenden so gut gelaunt zu geben wie nur möglich.

Die Gefahren der Alpentouristik lassen sich in zwei Kategorien unterteilen, die realen und die imaginierten, und im Rückblick sollte sich erweisen, dass die unseren allesamt zu Letzteren zählten.

Es wird vermutet, dass die Debatten des Clubs, nachdem sich die Gentlemen zurückgezogen hatten, in unzulässiger Weise noch für einige Stunden fortgeführt wurden – was zwar den Clubstatuten zuwiderläuft, aber außerordentlich schwer zu unterbinden ist.

Freitag, 26. Juni 1863
Von London nach Paris

Beim Erwachen um vier Uhr morgens war im Hause Geraschel zu hören, um vier Uhr dreißig frühstückten die Reisenden, und um sechs fuhren gut 130 Touristen, die unter Mr Cooks Führung und mit seinen Tickets nach Genf reisen wollten, vom Bahnhof London Bridge ab nach Newhaven, und um neun waren alle bei ihren Bemühungen zu beobachten, es sich auf dem Dampfer nach Dieppe bequem zu machen. Mr Tom (nach einer Weile nur noch »der Professor« genannt), der nun, wo wir ein gutes Stück auf See waren, die Damen in seiner Gewalt zu haben glaubte, ergriff eine frühe Gelegenheit, alle Betroffenen davon in Kenntnis zu setzen, dass er fortan, um die Strapazen der Reise zu lindern, alle Konventionen an den Küsten Englands zurücklassen und, da er den Club als Mitglieder einer »Gesellschaft von Freunden« ansehe, bis zu seiner Rückkehr auch deren Anredeformen übernehmen werde.

Befällt einen andernorts, wie auch auf einem Dampfer, die schmerzhafte Gewissheit, dass irgendein Ungemach bevorsteht, sucht der Geist nach einer anderen Beschäftigung und tut sein Möglichstes, das Unangenehme von sich fernzuhalten; und so suchten wir Ablenkung darin, die weißen Felsen des Beachy Head oder den Pier von Brighton auszumachen und Spekulationen über das Vorleben unserer Mitreisenden anzustellen (was sie sein mochten, sein könnten, würden oder sollten). Eingedenk des deutschen Sprichworts »Nur Engländer und Verrückte reisen erster Klasse« waren die Mitglieder des Junior United Alpine Club allesamt Passagiere der zweiten Klasse, obschon das zusätzliche Fahrgeld bei einer so langen Reise keineswegs verschwendet ist. Da also die feinen Leute allesamt in der vorderen Kabine waren, sahen wir uns gezwungen, die in der hinteren zu begutachten, welche ohne die ausgleichende Anwesenheit der Clubmitglieder insgesamt in mehr als einer Hinsicht als zweitklassig einzustufen gewesen wären. Die beiden Damen dort gegenüber mit den braunen Hüten, beide jenseits der fünfzig, erzählen nicht ihre Züge von Ausdauer und Geduld? Die Ältere ist eine zweite Johanna Leaf, aber die andere weder eine mäkelnde Selina noch eine hoffnungsfrohe Hilary.[1] Sieht man nicht ihr Zuhause vor Augen? Schlicht und doch abgenutzt, wo es bei Haushaltsbesprechungen meist um Ausgaben geht und sich schon der Wegfall nur eines einzigen Schülers erheblich auf die Finanzen auswirkt. Und dieser energische Medizinstudent aus dem Westen Englands, Gestalt und Gesicht von der schlichtesten Art, dessen Auge ihn in die Nähe des Grotesken rückt, aber dessen sanfte Stimme und leicht fließende Intelligenz ihn anziehend machen. Dann ist da noch der Gentleman, der, seinen Gesprächen nach zu urteilen, in seinem Leben nur eine einzige Institution kennt: sein Abendessen. Und der arme Monsieur le Gauche sowie dieser phlegmatische Engländer mit der versteinerten Miene und dem Spitznamen Sphinx! Aber Miss Mary – *regardez cela* –, sie antwortet nicht, sondern hat sich in die Betrachtung der Meeresbotanik vertieft, und jetzt, nach einem Blick in die Runde, sieht man sie in bleicher Resignation dasitzen. Und der Professor, wo ist er? Kann die Gestalt, die dort am Quarterdeck lehnt und über die, so möchte man meinen, Pandora ihre Büchse aller Übel ausgeschüttet hat, tatsächlich unser heiterer Freund vom Morgen sein? Ja, in der Tat, er ist es! Wie gern würden wir ihm beistehen, aber wir wagen es nicht, uns von unserer Rolle Tauwerk zu entfernen. Unzweifelhaft ist sein Himmel, wie der der alten Dame in der Anekdote, in der Vorausschau glücklicher, denn dort »ist das Meer nicht mehr«. Die allopathische Dr. med. erntet goldne Achtung statt Honoraren, indem sie die Kranken aufsucht und mit Keksen die Runde macht, tröstende Ratschläge austeilt (»Ein wahrer Engel sind Sie!«) und manchen, die unter einem Schirm zu schlafen versuchen, vom Land erzählt, das in der Ferne zu sehen sei. Kann denn keine »Apathie« den nautischen Feind bezwingen? Obwohl doch Hahnemann, Pressnitz und Esculapius in unserer kleinen Gesellschaft ihre Anhänger hatten, konnten weder Globuli noch Kompressen oder Rhabarber den Sieg davontragen, vielmehr war bei dieser Fahrt über den Kanal, die, wie wir der Gerechtigkeit halber festhalten müssen, bei gutem Humor erfolgte, Demut die vorherrschende Tugend.

Aber die Unterhaltung lebt wieder auf, denn wir laufen in den Hafen von Dieppe ein und passieren das riesige Kruzifix auf den Felsen der Einfahrt – Ausweis nicht nur des hiesigen Glaubens, sondern auch des wichtigsten Handelsguts von Dieppe, dem geschnitzten Elfenbein, von dem wir einige Exemplare in den Schaufenstern sahen.

Nichts auf unserer gesamten Reise bot einen uns fremderen Anblick als die bunten Grüppchen in wunderlichen Kostümen, die auf dem Pier unsere Ankunft erwarteten. Da waren Künstler in ihren weiten blauen Blusen, Soldaten in den verschiedensten Uniformen, einige davon ungemein lachhaft in ihren üppigen Bloomer-Kostümen, die bis zur Mitte der Wade reichten, gefolgt von zehn Zentimetern braunem Leder und danach einer ausladenden weißen Gamasche, die wie ein Terrinendeckel auf dem Stiefel saß, das alles keck gekrönt von einem Tschako. Welche Schüler des heiligen Crispinus oder welche Kommandobehörde könnte einen lächerlicheren Aufzug erdenken!

Etwas abseits der Gruppe stand ein eindrucksvolles Individuum mit Dreispitz, wohl ein ranghöherer Gendarm; mittendrin, ernst und würdevoll, ein Priester mit unbewegter Contenance, Schaufelhut und schwarzen Bändern, dessen brauner Surtout gerade kurz genug war, um den Blick auf seine Schnallenschuhe und die bestickten Strümpfe freizugeben. Seine düstere Erscheinung bildete einen auffälligen Gegensatz zu den kräftigen Farben um ihn herum. Auch die Frauen, allesamt mit Kopfbedeckung (wir haben uns von der Haube verabschiedet), drängten sich, um der Landung der Engländer beizuwohnen; sogar ältere Damen waren in der Menge. Eine wurde von ihrem Sohn geführt, der, wie viele Franzosen, die wir andernorts beobachten konnten, den Alten mit vorbildlicher Aufmerksamkeit begegnete. Beim Blick nach oben sahen wir, dass auch die großen Mansardenfenster von Gestalten bevölkert waren, die malerisch in ihren dunklen Höhlen standen, wobei die weißen Morgenhauben der älteren Frauen eine geradezu Rembrandt'sche Wirkung erzielten. Man kann sich vorstellen, wie froh wir waren, das Element zu wechseln, auch wenn weder Mr Tom noch wir den routinierten Klaps und die Handbewegung verstanden, mit denen der *Douanier* ihn höflich aufforderte, das Zollhaus aufzusuchen und den wissbegierigen Beamten den Inhalt einer sehr nachlässig verpackten Schachtel zu eröffnen. Wie groß war ihr Erstaunen, als sie darin Käsekuchen fanden, echte Yorkshire-Käsekuchen, Miss Sarahs *chefs d'œuvre*, in die den Finger zu tauchen die paternalistische Regierung insistierte und die sie mit einem Zoll von 50 Cent belegte, mehr aus Enttäuschung, sagten wir, dass sie nicht zum Mitessen eingeladen waren, als aufgrund irgendwelcher bestehenden Zollrechte. Sobald Mr Tom und die Schachtel aus den Fängen der Obrigkeit entlassen waren, machten wir uns auf die Suche nach einem Café und fanden eines von durch und durch fremdartigem Aussehen, das einen Blick über den Marktplatz auf das Nordportal der Kathedrale bot und in welchem wir uns zu einer ersten Beurteilung des französischen Tees niederließen, den wir für sehr eigentümlich befanden. Nachdem das erledigt war und die Hitze nicht allzu arg, schlenderten wir weiter, um die imposante alte Kathedrale zu erkunden.

Das Äußere bot Beispiele aus drei oder mehr Architekturepochen, der östliche Teil war älter als der westliche. Die Querschiffe erfreuten sich jener kreisrunden Fenster, die in kontinentalen Kirchen so weit verbreitet sind; tatsächlich war die Vielfältigkeit der Fenster fast so kurios wie ihre Häufigkeit. Drinnen waren mehrere Frauen damit beschäftigt, die Stühle für den Gottesdienst aufzustellen, während ein armes altes Weib vor einem Holzgestell hockte, das über und über mit Kerzen gespickt war, welche die Gläubigen kauften und, brennend, vor dem Schrein eines Heiligen oder verstorbenen Freundes aufstellten, der womöglich noch in den Flammen des Fegefeuers schmorte. Die zwar engen Straßen boten den

Vorteil des Schattens, nicht jedoch einer örtlichen Gesundheitsbehörde, wie die offenen Gossen bezeugten. Die Häuser wirkten sauber und ansprechend: Selbst im zweiten oder dritten Stock waren um die breiten Flügelfenster wilder Wein oder Klematis gezogen, die zusammen mit den Blumenkörben weiter unten einen dem Auge angenehmen Kontrast bildeten und in unmissverständlicher Sprache davon erzählten, dass die Geschenke der Natur von den guten Leuten von Dieppe wertgeschätzt wurden.

Wir überquerten einen Platz und standen vor einer Kirche, die kaum kleiner war als die Kathedrale, beide hatten stattliche romanische Wandelgänge. Doch wir mussten unsere langsamen Schritte beschleunigen und eilten zur Eisenbahn, um unsere erste Lehrstunde in den Gebräuchen und Manieren an einem französischen Bahnhof zu nehmen. Nur Passagiere dürfen eintreten, sie werden bis zur Ankunft des Zuges in den *salle d'attente* eingeschlossen und erst dann in festgelegter Reihenfolge – erst die erste, dann die zweite und die dritte Klasse – herausgelassen. Hier begann unser Professor, sich den Ehrentitel des P. B. S. (Passionierten Briefschreibers) zu verdienen, war es doch seine erste Pflicht, die besorgten Freunde in der Heimat von seiner Ankunft auf fremdem Boden zu unterrichten, wobei er zugleich die Entdeckung machte, dass französische Fourpenny-Briefmarken am Diepper Bahnhof einen Sixpence kosten.

Die Normandie lernen wir schnell kennen, hat sie doch nur eine einzige Landschaft: kleinteiliges Ackerland, hier und da ein kleines, weiß gekalktes Bauernhaus, die Dörfer sind an den schiefergedeckten Kirchtürmen zu erkennen, die unten von zwei oder drei schrägen Simsen umkränzt werden.

Rouen passieren wir in der Dämmerung, und als die Dinge draußen trüber werden, schauen wir zur Seite auf unsere Mitreisenden. Die kleine Dame mit den grauen Locken muss dieselbe sein, die uns am Morgen so freundlich einen Schluck Brandy angeboten hatte; darauf angesprochen, berichtet die Dame, wie sie, Mrs R., ihr Gatte und ihre Tochter (die neben Mr Tom saß, der sie daher besser kennt) ein Spezifikum gegen die Übelkeit besäßen; sie hätten es erprobt und für wirksam befunden; mehr noch, ein alter Diener habe ebenjenes Rezept bei seiner Überquerung des Atlantiks für eines Patents wert erklärt. Sie offenbarte es uns, und wir geben es seiner Einzigartigkeit wegen hier wieder, nämlich: eingekochte schwarze Johannisbeere mit Brandy! O ja, in allem, was Dienstboten, Eingemachtes und Rezepte anging, jene Eckpfeiler der guten Haushaltsführung, war Mrs R. beschlagen, und Mr Tom sagt, Miss R. sei ebenso vielseitig bewandert. Es wurde Mitternacht, ehe wir, müde von der langen Reise, im Mondlicht die Seine überquerten. Am Bahnhof überließen wir es den Herren, das Gepäck durch den Zoll zu bringen, während die Damen zu dem Hotel gingen, das Miss Sarah von früheren Besuchen kannte und wo M. Chardon sich unverzüglich ihrer annahm und ihnen für die folgenden vier Stunden *la grande chambre* zur Verfügung stellte.

Samstag, 27. Juni 1863
Von Paris nach Genf

In dem Gedränge bei unserem Frühstück um fünf Uhr – wie uns dieser kleine, flinke Kellner mit seinen wiederholten Beteuerungen quälte, dass der Kaffee »kommt, kommt«! Und als er dann endlich kam, wurde er in so winzigen Kännchen gebracht, dass nur Liliputaner damit hätten üppig versorgt werden können. So gab es gleich zu Beginn dieser langen Tagesreise Gelegenheit, unsere Geduld auf die Probe zu stellen. Nach einer Fahrt von gut drei Kilometern ans andere Ende von Paris, über die Boulevards und Plätze und über den Place de la Bastille, saßen wir im Zug von Paris nach Lyon und hofften, am Abend in Genf zu sein. Obschon wir zeitig aufgebrochen waren, war es doch nicht zu früh, den »geborenen Beschützern« unserer Expedition Anlass zur Sorge zu geben. Miss Sarah musste gleich zu Beginn unter Aufsicht gestellt und Verehrer Nr. 1, dessen Aufnahme in unseren Club abgelehnt wurde, in deutliche Schranken verwiesen werden. Wir waren gespannt auf die Dinge am Wegesrand und die Beschaffenheit der französischen Landschaft. Wie viele Meilen goldenen Korns wir durchquerten, das sichtlich reif war für die Ernte! Und welche Armeen von Pappeln die Wiesen durchschnitten, zweifelsohne ist die Pappel *der* Baum des Landes. Es gab Pappelalleen, Pappeln in Phalanx, allein stehende Pappeln und Pappeln, die in Prozession zu marschieren schienen. Abgesehen von ein paar Böschungen mit Weiden hatten wir Pappeln zur Genüge.

Zwei sehr vernünftige und, natürlich, höfliche Franzosen teilten mit uns das Abteil, und so begannen wir, typisch englisch, wertvolle politische Informationen zu sammeln und alle miteinander unsere Fertigkeiten in *la langue française* zu Gehör zu bringen. Der alte Kaufmann studierte seinen *Siècle*[2] und zuckte mit den Achseln bei allen Fragen, die den Kaiser berührten, welcher nicht geliebt wurde; sein Begleiter gab zu den vorbeirauschenden Dingen oder vielmehr den Dingen, an denen wir vorbeirauschten, so gut Auskunft, wie unser verstümmeltes Französisch und sein unvollkommenes Englisch es zuließen. Nach drei Stunden erreichten wir Sens, dessen ganze Pracht seine Kathedrale ist, eine Cousine der unsrigen in Canterbury, die beide vom selben Architekten begonnen worden waren, Guillaume de Sens, und in manchen Details im Stil gleich sind. Der Tag schritt voran, und die Sonne wurde stärker – wie wurden diese stickigen, vollen Abteile zu einer Qual, und wie bejubelten wir in unserem halb gar gekochten Zustand jeden Halt als willkommene Gelegenheit, auszusteigen und uns abzukühlen, und wie wurde jedes kleine Ereignis am Wegesrand eingefangen, um etwas Kurzweil zu bieten!

Der auf und ab spazierende Gendarm an jedem Bahnhof war etwas Neues, genau wie die hartnäckige kleine Glocke, die unter der Abdeckung des Feuerlöschers unentwegt summte und bimmelte, solange wir in Hörweite waren. Merkmale des französischen Charakters lassen sich dort studieren, insbesondere wenn die Ausstattung auch einen Trinkbrunnen bereithält. Man kann durch ganz Großbritannien reisen, ohne ein einziges Mal solche halb theatralischen und doch freudigen Wiedersehen und Begrüßungen zwischen Monsieur und Madame zu beobachten, beide auf dem Weg hinaus, wie sie sich wiederholt auf beide Wangen küssen und dann noch einmal küssen und das Gleiche noch einmal mit Zinseszins bei *le petit enfant*. Unweit von Plombières wurde die Aussicht reicher, doch da erreichten wir schon Mâcon, eine recht ansehnliche Stadt, wo wir, da der Zug hielt, loseilten, um Tee zu bestellen, der uns inmitten eines babylonischen Sprachgewirrs die Kehle verbrühte. Wir wechselten Abteil, Gesellschaft, Landschaft und Bäume, denn hier usurpiert die königliche Akazie die Republik der Pappeln und lächelt auf ihre Untergebenen hinab, die in funkelnd grünen Hecken, von der Abendsonne beschienen, die goldenen Felder säumen.

Unverbesserlicher Herr Professor, warum so persönlich werden in der getuschelten Beurteilung des höchst respektablen Geistlichen zu Ihrer Linken, als dieser uns den gegenwärtig allerhöchsten Kummer seines Herzens und Antlitzes anvertraut? In seinen Augen ist eine Nase ein äußerliches und sichtbares Zeichen, das es zu respektieren gilt; so dachte auch Phoebus, der ihr besondere Aufmerksamkeit widmete und sie mit seinem karmesinroten Mantel bedeckte. Ja, Mr Tom, vielleicht werdet Ihr eines Tages ebenso dankbar sein für unser Glycerin, wie er es war, der gute Mann. Wir hoffen, er und sein Sohn wurden nicht noch einmal für vier Stunden Rast um fünfzehn Francs geprellt. Wir erreichten Ambérieu, überquerten die Schwelle zur Schweiz und gelangten in eine Landschaft, deren Schönheit uns in Erstaunen versetzte. Wir sahen zerfurchte Berge, die sich in schimmernden Seen widerspiegelten, vom aufgehenden Mond mit Silber überzogen, während die Luft köstlich und süß über dem Tal hing. Doch weder Mond noch See, Berg, Fels oder Tal kann dem erschöpften Reisenden Erholung schenken – einzig der Schlaf konnte uns noch locken, und so waren wir es eine gute Stunde lang zufrieden, von unserer Umgebung zu träumen, bis wir gegen Mitternacht in Genf eintrafen. Der plötzliche Halt und das allgemeine Einsammeln der Koffer rissen uns zurück in die Gegenwart. Mit dem Elan, der die Mitglieder unseres Clubs auszeichnet, machten sich zwei, die sich im Geiste schon Gespräche mit Gastwirten zurechtgelegt hatten, auf zum Hôtel de la Couronne, das fast eine halbe Stunde vor Ankunft der anderen Passagiere, die auf den Omnibus angewiesen waren, gestürmt und eingenommen wurde. Wir bewältigten die 140 Stufen zu unseren Zimmern und löschten froh Licht und Gedanken für die Nacht.

Sonntag, 28. Juni 1863
Genf

Sonntagmorgen, der 28. Juni, brach mit Donnerschlägen an, die uns mit ihrem schweren Artilleriefeuer aus dem Schlaf rissen und unserem ersten Gedanken, nun tatsächlich in Genf zu sein, Größe verliehen. Hier lernten wir die Eigentümlichkeiten des kontinentalen Sonntags kennen, für englische Augen schmerzhaft genug. Ja, wir waren wirklich in Genf, jener bewährten Zitadelle des Protestantismus! Dem Reich Calvins und Harels, der Zuflucht John Knox' und der Waldenser, Heimat von Beza und d'Aubigné und jenem Zentrum, auf das sich zu Zeiten religiöser Umwälzungen die Herzen und Augen der gesamten Christenheit in Angst oder Hoffnung gerichtet hatten.

Das Tageslicht offenbarte uns die Lage unseres Hotels und zeigte uns den See zu unseren Füßen, dessen tiefblaue Wasser Byron in seinen *Cantos* besungen, Voltaire sich in Ferney zu eigen gemacht, Calame auf seine Leinwand gebracht und Davy in seinem Labor analysiert hatte. Über diesen See spannt sich, von der Auffahrt unseres Hotels aus, eine Brücke mit zwölf eleganten Bögen, die hinüber zu Uferpromenaden und dem schönen Hôtel des Bergues führt. Hier fließt die Rhône aus dem See und stürzt mit einer Schnelligkeit dahin, die sie vollkommen unbefahrbar macht.

Im Fluss erhebt sich eine kleine, von Tannen und Zypressen bewachsene Insel mit einer Statue von Jean-Jacques Rousseau, rechts der Brücke am gegenüberliegenden Seeufer reichen die Vorberge bis ans Wasser heran. Eine *flotte* von Ausflugsbooten mit Sluptakelung liegt am Kai vor dem Jardin Anglais. In der Ferne leuchten blendend weiß die Villen und Herrenhäuser am Ufer, und hinter ihnen, halb in einen Schleier aus Gaze gehüllt, branden die blauen Wellen des Alpenmeeres, dessen schneeweiße Schaumkronen sich an den saphirblauen Wogen des Äthers brechen.

Um elf Uhr feierten wir in der englischen Kirche den Gottesdienst in unserer Muttersprache und spürten die Kraft und die Gültigkeit des Kollektengebets für diesen vierten Sonntag nach Trinitatis. Gleich nach dem Kirchbesuch war erneut die wache Aufmerksamkeit unserer geborenen Beschützer gefragt. Auf jener Brücke in Genf wurde unsere Schwester Mary von einem Bruder Dissenter aufgehalten, der von seiner Begegnung mit Dr. d'Aubigné und einem Besuch in dessen Kapelle erzählte; glücklicherweise erfuhren wir drei Wochen später, als er uns erneut folgte, dass es auch eine Mrs D. nebst Familie in Yorkshire gab.

Um ein Uhr setzten wir uns zum frühen *table d'hôte*, bei dem nach anderer Mode serviert wird als bei unserem englischen, denn die Speisen werden nicht etwa auf den Tisch gesetzt, in dessen Mitte sich nur abwechselnd Obst und Blumensträuße aneinanderreihen. Vielmehr wird das Gericht, an dem wir uns laben sollen, für einen Augenblick auf einen silbernen Ständer platziert und anschließend, von der Gesellschaft – so nimmt man an – gebührend in Augenschein genommen, hinweggetragen, um an der Seite von einem Bediensteten aufgeschnitten zu werden, dessen Geschick im Zerlegen nur von der Flinkheit des Kellners übertroffen wird: Legt man Messer und Gabel auch nur für eine Sekunde zur Seite, schießt er auf den Teller zu wie eine Kobra und trägt die *bonne bouche* als seine Beute davon. Amerikaner, Deutsche, Franzosen und Engländer tafelten an diesem Tag zusammen. Würden Sie gern die Speisekarte sehen? Zehn Gänge wurden einer nach dem anderen aufgetragen: Es liest sich wie das Inhaltsverzeichnis eines Kochbuchs …

1. Gemüsesuppe (mild).
2. Lachs in Sahnesoße.
3. Rinderbraten mit Röstkartoffeln.
4. Geschmortes Geflügel auf Reis.
5. Kalbsbries.
6. Brathuhn mit Salat.
7. Artischocken.
8. Plumpudding, in Weinbrand getränkt.
9. Biskuitkuchen mit Kompott.
10. Pudding an kalter Vanillesoße.
11. Zwei Sorten Creme.
12. Reife Kirschen.

Später an diesem Tag spazierten wir durch die Altstadt, deren enge und steile Gassen, die über Treppen miteinander verbunden sind, die weit gereisten Mitglieder des Clubs stark an die *wynds* von Edinburgh erinnerten. Große Stille und Sauberkeit herrschten überall. Hier und da standen ein paar Frauen vor den Häusern beisammen und gaben sich redlich Mühe, uns zum Haus Calvins zu dirigieren. Wir fanden es schließlich am oberen Ende einer steilen Straße: ein Zimmer mit zwei Fenstern zu beiden Seiten der Eingangstür und ein kleiner Garten mit grünen Palisaden davor an einem gepflasterten Dreieck – ein Haus, wie es auch in jeder beliebigen Stadt in Yorkshire anzutreffen wäre. Auf dem Weg eine abschüssige Straße hinunter entdeckten wir ein weiteres Haus, das ebenfalls einstmals Heimstatt des Reformators gewesen war und das in einen geschlossenen Innenhof blickte. Dann wurden wir von einem reizenden kleinen Mädchen weiter zur »Nr. 18« geführt, angeblich das Geburtshaus Rousseaus. Ein kleiner Bruder trottete hinterher, um unsere junge Fremdenführerin vor den Ausländern zu beschützen, beide in seliger Unwissenheit über Name und Bedeutung des Philosophen. Dann die Kathedrale! Um zu ihr zu gelangen, erklommen wir weitere Treppen, über denen große Löscheimer aufgehängt waren, um im Falle eines Brandes zum Einsatz zu kommen. Ein erhabenes altes Bauwerk ist sie, nur leider von einer vorgesetzten Maske aus korinthischen Säulen an der Hauptfassade barbarisch entstellt; die Querschiffe und die alten Türme, die sich ihre Satteldächer bewahren konnten, sind seltene Beispiele sehr früher Gotik (11. Jahrhundert). Hinein kamen wir nicht und sahen so weder die alte Innenausstattung noch das Kanzeldach, unter dem die Stimme des unangefochtenen

Diktators[3] seine Urteile über die Gebräuche der Bürger der Stadt verkündet hatte.

Wir strichen umher, bis wir einen Ausgang aus den engen Gassen gefunden hatten, der auf eine schöne Terrasse mit Blick über den Botanischen Garten führte. Danach liefen wir über die Stadtmauern, den Schauplatz der *Escalade* von 1682, die dem Gedächtnis der Einwohner so lieb und teuer ist. Der intrigante Herzog von Savoyen wollte seinerzeit mit seiner Armee die Stadt bei Nacht einnehmen, konnte jedoch dank der Geistesgegenwart des Volkes zurückgeschlagen werden. Diesem Ereignis wird noch immer Jahr für Jahr gedacht, wenn das Volk gemeinsam Psalm 124 anstimmt.

Auf dem Boulevard de Plainpalais wird der Sonntag nicht so eingehalten wie in der Stille des Calvinischen Viertels: Gartencafés, Tanztees und andere Vergnügungen fanden reichlich Zulauf.

Wir waren aufgebrochen mit dem Ziel, den Zusammenfluss von Rhône und Arve ungefähr anderthalb Kilometer vor der Stadt zu sehen, doch die konkurrierenden Attraktionen von Konzertmuscheln und Theatergruppen, Karussells und ähnlichen Amüsements, die sich für die jugendlicheren Clubmitglieder, welche den älteren und ernsteren unter uns zu diesem Zeitpunkt Anlass zu anhaltender Aufmerksamkeit gaben, als unwiderstehlich erwiesen, hielten uns auf. Letztendlich stoppte uns ein Donnerschlag, nicht von britischer Milde, sondern von gebirgsartigem Volumen. Die heiße, schwüle Luft kündete von einem Gewitter, und die Flinkheit der Menschen, die in beinah panischer Hast über die Brücken eilten, überzeugte uns davon, unseren Plan aufzugeben; und da wir nicht durchnässt werden wollten, beschlossen wir stattdessen, am nächsten Tag um fünf Uhr aufzustehen und das großartige Naturwunder zu besichtigen, bevor wir nach Chamonix aufbrachen.

Wir eilten zu unserem Hotel zurück und entkamen gerade rechtzeitig der Wut des Gewitters; es hielt an bis Mitternacht, wir beobachteten es durch weit geöffnete Fenster. Nie werden wir seine schreckliche Erhabenheit vergessen, wenn der dunkle Raum vor uns wie durch eine Feuerwalze erhellt wurde und für kurze Augenblicke Teile der Stadt und der Berge in der Ferne zu sehen waren, die sich, so schien es, aus einem Flammenmeer erhoben. Und genauso schnell verlosch alles wieder in schwarzer Dunkelheit. Es folgten krachende Donnerschläge, nur um das nächste Spektakel anzukündigen, bei dem verzweigte Blitze vielsprachige Zeichen an den Himmel malten, die ganz gewiss nicht weniger lebendig waren als die chaldäischen, bei deren Anblick dem stolzen König Babylons die Knie schlotterten. Noch immer stürzte ein wasserfallartiger Regen hinab, und eingedenk der bevorstehenden Anstrengungen des nächsten Morgens sagten wir unserem Sonntag in Genf Gute Nacht.

DIE WESTLICHEN ALPEN

Das »Hôtel de L'Ours« in Kandersteg

Montag, 29. Juni 1863
Von Genf nach Chamonix

Über die Erinnerung an unsere zweite Nacht im La Couronne wollen wir gnädig einen Schleier breiten. Um vier Uhr morgens waren wir hellwach, und so konnten wir nur noch an unseren Ausflug in der Frühe und die weitere Komprimierung unseres Gepäcks denken. Der Teil unserer persönlichen Habe, der für unsere sonntägliche Respektabilität als unverzichtbar angesehen wurde, sollte mit *Les Messageries Imperiales* vorausgeschickt werden und uns am Samstagabend in Interlaken erwarten. Wir waren schon vor den Bediensteten unten, aber bald darauf, um fünf Uhr dreißig, erschien, sich die Augen reibend, auch der Hausdiener. Als er die Tür öffnete, prasselte zu unserem Entsetzen gleichmäßig der Regen. Gehen oder nicht gehen, das war nun die Frage. Das Für und Wider wurde diskutiert, das Für überwog, und wir brachen zu Fuß mit einem Tempo von gut sechs Kilometern pro Stunde auf. Wir liefen durch das Uhrmacherviertel und vorbei am Uhrenturm und hielten uns am Ufer der Rhône, die, so unser Eindruck, ein dunkleres Indigo annimmt, je mehr sie sich ihrer nicht weniger lärmenden Rivalin, der Arve, nähert. Am Zusammenfluss der beiden Ströme verengt sich die Landzunge, auf der wir gingen, zu einer Spitze, und so standen wir zwischen der blauen Rhône zur Rechten und der trüben, gletschergeborenen Arve zur Linken. Hier treffen die beiden zusammen, vereinigen sich aber noch nicht, sondern rauschen eine Weile nebeneinanderher, am Ende jedoch gewinnt die Arve die Oberhand, verliert aber ihren Namen und fließt als Rhône weiter. Man kann ohne Übertreibung sagen, dass insbesondere dieser Ausflug in dem lobenswerten Wunsch unternommen wurde, die Sehenswürdigkeiten der Gegend zu bewundern, und dass die Zufriedenheit bei einigen Clubmitgliedern eher aus dem Gefühl erwuchs, es »abgehakt« zu haben, als aus dem großartigen Anblick selbst.

Wir waren rechtzeitig zum Frühstück zurück, als die Sonne in voller Pracht erstrahlte und einen schönen Tag verhieß. Um acht Uhr traten wir zusammen mit den anderen Touristen in drei Kutschen die beeindruckende Fahrt von Genf nach Chamonix an. Mr Cooks Reisegruppe war inzwischen auf unseren kleinen Trupp, einen zweiten ganz ähnlichen, sowie Mr Cook und zwei weitere Personen zusammengeschrumpft, während die Mehrheit in weiser Voraussicht eigene Ziele ansteuerte.

Wir waren noch keine drei Kilometer weit gekommen, als plötzlich eine Kutsche zu uns aufholte, die Pferde zum Stehen kamen, die Tür aufgestoßen wurde wie auf Blackheath oder Ratcliffe Highway und jemand piratengleich unseren Wagen enterte! Doch wer war es? Ein *gendarme* oder ein *douanier*? Hatte er es auf uns oder unsere Pässe abgesehen? Voller Schrecken prüften wir uns selbst, hielten innere Verhöre ab und rätselten, ob es unter uns einen glücklosen Benjamin geben konnte. Hatte vielleicht eine unserer Calvinistinnen den Becher mitgehen lassen, aus dem ihr Schutzheiliger geweissagt hatte? Und würden wir alle als Geiseln in die Stadt zurückgebracht werden? Doch unsere fiebrigen Ängste wurden bald zerstreut, und unsere Calvinistinnen atmeten freier, als wir erfuhren, dass es ein englischer Gentleman war, der Inhaber des freien Platzes, der versehentlich zurückgelassen worden war, aber zu unserem Glück doch noch seinen Platz beanspruchte. Erstaunlicherweise ergab es sich am Ende eines jeden Tages, dass unsere Pläne und Routen für den folgenden dieselben waren, und bei der nächsten Vollversammlung des Clubs wurde »Mr James« in dankbarer Wertschätzung seiner freundlichen Gesellschaft mit Begeisterung zum »korrespondierenden Mitglied« gewählt. Sein Porträt ziert heute die Galerie des Clubs.

Mit jeder Drehung des Kutschrads bot sich uns ein neuer Anblick oder ein alter aus neuer Perspektive. Mont Salève schien wie ein riesiger Wächter über der Ebene zu thronen. Dann sah es aus, als verstellte uns der Môle, ein konisch geformter Berg von 1863 Meter Höhe, den Weg, aber wir bogen in das Tal der Arve ab und überquerten den Fluss auf einer schönen zweigeschossigen Bogenbrücke. Anhand der Granitbrocken, die es in dem Tal so reichlich gab und die offensichtlich vom Wasser gerundet waren, konnten wir uns eine Idee von der Gewalt dieses Stroms machen, wenn er seine sommerlichen Spiele einstellt und die Berge ihre tobenden Gesandten durch die Täler gen Meer schicken.

Wir fahren durch Nangy, ein Dorf, in dem sich die Ruinen des Château de Faucigny befinden, das einst von Bedeutung war, heute jedoch nur noch malerisch ist, und nach fast dreißig Kilometer Weges gelangen wir in die kleine Stadt Bonneville, wo wir in der Hitze des Tages eine Stunde pausieren – diese Hitze! Eine reglose, weiße, gleißende Hitze, die von den weiß gekalkten Häusern mit verstärkter Kraft zurückgeworfen wird, eine Hitze, die Stille bringt und die 1500 Einwohner offenbar in den Schlaf treibt, denn wo sonst sind sie? Nicht einmal ein Kind ist zu sehen. Nur ein paar alte Frauen unter den alten Arkaden dort drüben sind noch wach und hegen Hoffnung, ihre Kirschen an den Mann zu bringen; vier oder fünf einfache Bauern in Nagelschuhen lungern herum, ein paar Haushalts- und Eisenwarengeschäfte sind geöffnet, vielleicht eine wartende Verkäuferin im »Swan & Edgar« von Bonneville, aber keine Kundinnen, die die neueste Mode inspizieren oder aus den *distingués* Neuheiten auswählen. So gut es geht im Schatten bleibend und auf die Gefahr eines *coup de soleil* hin schlendern wir umher, um die Sehenswürdigkeiten zu erkunden. Oh! Was kann es Schöneres geben als jenen erfrischenden Springbrunnen unweit der Brücke und diese Brücke, von der aus wir unseren ersten Blick auf die schneebedeckten Alpengipfel taten, auf die Hügelketten vor den ansteigenden Bergen und auf den Fluss, der sich zwischen Bäumen und kleinen Inseln durch dieses muntere Tal windet! Wir gingen zurück durch die heißen Straßen, um unter Lindenbäumen auf dem Marktplatz Schatten zu suchen. Um das Einkommen der alten Obstfrauen aufzubessern, kaufte Mr Tom Kirschen, wobei der Kirschhandel von nun an, so könnte man sagen, »an Fahrt aufnahm«, wurden doch Nachfrage, Angebot und Verbrauch von Kanton zu Kanton größer. Unter den Lindenalleen holten wir uns an den schwarzen Herzkirschen fleckige Finger. Zwei brave Bürger Bonnevilles promenierten eine Weile vor uns her und unterhielten sich ebenfalls leise. Offenbar lag ein Bann auf dieser Stadt, ein gewaltiges Schweigen war verordnet, ein Edikt der Stille vom Präfekten erlassen worden.

Das Rathaus, mit öffentlichen Bekanntmachungen zu kürzlich erfolgten Wahlen, wurde inspiziert, in der nahe gelegenen Kaserne wohnten wir einer Parade der Wehrpflichtigentruppe bei und besuchten die Dorfkirche, die einige gute Gemälde beherbergt. Überhaupt hätte das anhaltend große Interesse unserer Gruppe an kirchlicher Architektur der Expedition leicht den Vorwurf der »Marienanbetung« einbringen können, wäre dem nicht in Paris schließlich ein praktisches Ende gesetzt worden.

Wieder in der Kutsche sitzend, zumindest wir hellwach, rollten wir auf den Pflastersteinen von Bonneville über seine Brücke und weitere dreißig Kilometer durch die Schlucht von Cluses, die sich durch diese gewaltigen Felsen schneidet und auf deren Grund gerade genug Raum ist für den Fluss und die Straße. Die Streichholzfabrikation gilt als das Hauptgewerbe von Cluses, aber beim Anblick der ramponierten, zerlumpten Gegenstände, die die Straße verunzierten, dachten alle, deren Interesse weniger der Papierbranche galt, wohl eher an einen Trödelmarkt. Hier wurden wir alle dazu aufgerufen, den Echomarkt zu beleben. Niemals wurden Berge gemacht, die mehr auf die Sinne einwirken als diese in der Schweiz! [*sic*] Oder die besser dazu genutzt würden, dem glücklosen Touristen allerorten das Geld aus den Taschen zu ziehen! Aber wollen wir dieses Kanonengeballer billigen, bis es uns in Knochen und Nerven gefahren ist? Ja, wahrhaftig, denn in der vorderen Kutsche sitzt ein Mann aus Birmingham, der, des In-die-Landschaft-Schauens müde, froh ist, etwas gefunden zu haben, das mehr seinem Geschmack entspricht. Dreifach werden wir von der schwachen Nachahmung der Donnerschläge der letzten Nacht erschüttert, aber Mr Lowe macht es glücklich (wenn auch nicht gelassen), die weniger einzigartige Wirkung des Gusseisens auf seine Sinne zu spüren. »Noch einmal!«, ruft er. Noch ein Franc, Mr Lowe. »Noch einmal«, drängt der begeisterte Artillerist mithilfe seines Dolmetschers, während er um den Feuergott herumtanzt und für sein *feu de joie* am Ende drei Francs zu zahlen hat.

Wenige Kilometer weiter gelangen wir nach Saint Martin. Doch wir können nicht verweilen, um die Weiden oder irgendwelche anderen Muster auf dem Geschirr der Gastwirtin zu bewundern, denn in wenigen hundert Metern bietet sich der Anblick, von dem Murray[4] sagt, dass er allein die Kosten einer Reise von London wert sei; und mehr noch, wir waren wie jene anderen berühmten Reisenden

»zwar dem Vergnügen zugetan,
doch von genügsamer Natur«,[5]

und da unsere Beschlüsse über kostengünstiges Reisen zwar aufgeweicht, aber doch nicht gänzlich aufgehoben waren, folgten wir dem Rat unseres treuen *Baedeker*. Wir mieden den mittäglichen *table d'hôte* und begnügten uns mit den Überbleibseln des Proviants, für den wir in Dieppe voll bezahlt hatten. Dazu machten wir es uns auf einer Steinmauer bequem, wurden aber alsbald von einer vorwitzigen Eidechse »des Platzes verwiesen«, zogen auf die Brücke um und waren uns einig, dass vier derartige Panoramen nach Nord, Süd, Ost und West an keinem anderen Ort zu finden wären als in Saint Martin. Hier schultert der König der Schweiz seine endlosen Weiten aus Schnee und Granit, überzogen von »starren Katarakten aus Eis«. Die Nadelspitzen des Dôme du Goûter stehen wie Palisaden vor den Walliser Alpen, weiter vorn erhebt sich der Forclaz, in einen piniengesäumten Schal aus sonnigem Grün gehüllt, an seinem Fuße fließt die Arve und belebt mit ihren Stromschnellen dieses Panorama aller Panoramen! Tatsächlich ist der Blick auf den höchsten Gipfel, den Montblanc, von dieser Stelle aus am schönsten, es sei denn, man sieht ihn von einem der benachbarten Berggipfel aus. Zur Rechten erstreckt sich die Stadt Sallanches über die Ebene, zur Linken das hübsche Saint Martin mit seinen Chalets, die sich wie auf einer Senkschnur von der Kuppe des Varens hinab aneinanderreihen.

Weil wir gerne ein Chalet von innen sehen wollen, betreten wir eines unter dem Vorwand des Durstes, der uns aber schnell vergeht, als ein schmutziges kleines Kind auf ein gesprungenes Fass mit trübem Arve-Wasser deutet, in dem offenbar das einzige Trinkgefäß des Hauses schwimmt, nämlich ein alter fleckiger Topf; Möbel gibt es keine, die diesen Namen verdient hätten, nur ein oder zwei kleine Fässer, ein Hocker und ein abgestützter Tisch, alles kündet von der bitteren Armut der Bauern. Wir wenden uns ab, um bei einem anderen Chalet von höherem Anspruch vorzusprechen, und hier, nur fünfzig Meter weiter, finden wir zu unserer Überraschung das Gegenteil der Fass- und Topfzivilisation vor, als uns eine flinke kleine Frau auf unsere Bitte hin im Handumdrehen und mit professioneller Attitüde ein rundes Tablett mit zwei Gläsern sprudelnden Wassers serviert. Während unsere Künstlerin zu ihren beruflichen Verpflichtungen auf der Brücke eilte, erwarb sich Miss Mary, die für ihr Interesse am Hauswesen in den Alpen ihre ganz eigenen Gründe hatte, in liebenswürdiger Weise die Zuneigung der freundlichen Savoyerin, die erzählte, sie habe in Genf und Paris als Kellnerin gearbeitet und die Welt gesehen, halte aber Saint Martin für den schönsten Ort darin, und das aus dem vollkommen hinreichenden Grund, dass »Auguste« ihr dort ein Heim bereitet habe. *Très bon*, von Miss Mary. Just in diesem Moment der Offenbarung betritt »Auguste« das Chalet.

Kurz darauf läuft auf der Brücke der Dorfpriester mit einer Schar kleiner Saint Martiner an uns vorbei, von denen jeder mit einer höflichen Verbeugung vor den Fremden seinem Schulmeister alle Ehre macht.

Jetzt fahren unsere Kutschen vor, und widerwillig lösen wir uns von jenem beherrschenden Panorama und lassen »Auguste«, Miss Marys Protegé und den guten Pfarrer, der seinen Knaben am Flussufer von den Steinen predigte, für immer hinter uns.

Es sind noch immer knapp 27 Kilometer bis Chamonix. Bald gelangen wir an steilere Abschnitte, wo wir aussteigen, um zu laufen, und zusätzliche Maultiere vor die Kutschen gespannt werden, während Mr Lowe, wenn auch unter Verwünschungen, nach dem angebotenen Getränk der Gegend ruft, sehr zur amüsierten Verwunderung von Wirt, Magd und Stallknecht, die ohne Zweifel nicht nur die englische Sprache, sondern auch Mr Lowe für ungestüm halten. Doch zu sehen, wie er sich in diesem Moment in das dichte Grün am Flussufer stürzt, um seinen heißen Kopf ins Wasser zu tauchen, und hundert Meter weiter wild rudernd wieder am Ufer auftaucht! Sobald der wilde Mann eingefangen ist, zieht unsere Kavalkade weiter, um schon bald wieder haltzumachen, damit wir die schrecklichen Spuren der Flut von 1850 begutachten können, die große Flächen Land einfach weggespült und den bloßen Felsen freigelegt hat. Zur Linken zeigt man uns den Wasserfall von Chedde mit der Bitte, mit diesem Blick aus der Ferne zufrieden zu sein, und dem Versprechen, dass uns noch schönere erwarten würden.

Immer höher steigend, passieren wir Servoz und erklimmen einen steilen felsigen Hang namens »Les Moutets«, während unter uns die Arve durch Schluchten und Spalten in erstaunliche Tiefen stürzt.

Und nun fahren wir durch Les Houches, den ersten Ort im Chamonixtal. Zahlreiche Bachbetten kreuzen unseren Weg, und hier und dort sind als improvisierte Brücken Planken ausgelegt worden.

Doch bald, nein, sofort haben wir für nichts anderes mehr Augen als für den Montblanc, während wir im schwindenden Abendlicht durch seinen gewaltigen tiefschwarzen Schatten fahren. Meilenweit erstreckt er seine gewaltigen Schultern vor uns, und seine tiefen Klüfte wirken noch tiefer im Kontrast zu den gefrorenen Eisbächen, die ihn, zahllosen Armen gleich, die sich vom schneebedeckten Gipfel herabstrecken, an die Erde binden wollen. Schweigend rollen wir dahin, bis wir Chamonix mit seinen Hotels und der alten *prieuré* erreichen.

Die Hektik der Ankunft vertrieb unsere Träumereien, und ein spätes Abendessen verlieh diesem Tag voller Eindrücke am Ende noch einen geselligen Charme.

Dienstag, 30. Juni 1863
Montenvers

Um jeden Augenblick zu nutzen, sind in Chamonix alle früh, sehr früh wach, ganz besonders an diesem Tag, an dem unsere erste Alpenwanderung ansteht.

Zunächst die Auswahl der Alpenstöcke, für die wir in aller Naivität 2½ Francs oder 2 Pfund berappen, obwohl sie eigentlich acht Pence kosten sollten. Aber wir zahlten fröhlich, denn solange dieser offizielle Ausweis des Alpenreisenden nicht erworben war, fühlten wir uns wie die reinsten Anfänger.

Dann die Indienstnahme eines der Bergführer, die in Grüppchen vor den Hotels standen und abwarteten, bis sie an der Reihe waren – eine Regel, deren Einhaltung von den Behörden strengstens überwacht wird. Unser Mann trug den berühmten Namen Balmat und verdankte seine Position wohl eher diesem Namen als irgendwelchen eigenen leuchtenden Verdiensten – ein Beispiel für die Macht und die Wirkung von Namen auch in Chamonix. Ein Talent aber hatte er immerhin: Gleich auf den allerersten Blick erkannte er die noch unerschlossenen Fähigkeiten unserer Miss Mary und versicherte ihr, sie sei *»la plus jolie dame pour monter Mont Blanc«*. Mit solcher Brillanz ausgestattet, können wir nun endlich aufbrechen. Unser Weg führte uns an der kleinen englischen Kirche vorbei, in der eine Steinplatte an Albert Smith erinnerte, der Chamonix mit seinen Aufführungen in der Londoner Egyptian Hall berühmt gemacht hatte.[6] Nach gut einem Kilometer im Tal begannen wir den Aufstieg nach Montenvers und arbeiteten uns die gewundenen Wege hinauf, die nicht annähernd so alarmierend steil zu sein schienen wie die auf La Flégère auf der gegenüberliegenden Seite, auch wenn Balmat uns des Gegenteils versicherte – die Wege wirkten wie ein schlichtes braunes Van-Dyke-Dessin auf einer grünen Wand. Falls der Leser wie wir unter dem Eindruck stehen sollte, dass die Alpen karg und kahl seien, wird er feststellen, dass das ein Irrtum ist. Denn dort steigt bis auf eine Höhe von 2000 Metern in einem lichten

Tannenwald Stockwerk auf Stockwerk von Grün an, und die Hänge sind von dichten rosafarbenen Alpenrosen überwachsen. Wir bedienen uns von dieser Fülle, stecken uns Zweige an den Hut und sammeln Sträuße von beiden Seiten des Pfades, der hier und dort wie von einer Borte aus verschiedenartigen Blumen gesäumt wird. An diesem Goschen[7] der Bienen hat weiter unten im Tal auch eine Herde Ziegen teil, die über die Weiden zieht; das Läuten ihrer Glocken ist eines der wenigen Geräusche, die in diesen Höhen zu vernehmen sind. Viele Hunderte werden in dieser Region gehalten, ihr Fleisch ist *nicht* süß und zart, aber ihre Milch ist »süß« und um die Mittagszeit zu beschaffen, denn unser Professor jagte in der Glut seiner ersten Liebe und seinem Eifer, zur allgemeinen Harmonie beizutragen, nicht nur hinter einer *chèvre* her, sondern fing sie sogar ein und molk sie, um das Produkt von den Kritikern beurteilen zu lassen. Und dann dieser Blick! Wir blieben stehen, um zu schauen – zu oft vielleicht für unseren Bergführer, den es weiter hinaufdrängte und der wohl schneller vorangeschritten wäre. Je höher wir steigen, umso kleiner wird Chamonix, der Arveyron, der das Tal durchzieht, verengt sich zu einem schmalen Band, die Flanken von Le Brévent und La Flégère werden breiter, und die Gletscher des Bossons und Bionnassay führen Hektar, nein Kilometer von Eis, das sich bis hinab ins Tal erstreckt.

Nun gibt es eine Wirkung, die diese Berge bei allen Reisenden ohne Unterschied hervorbringen, und das ist der Durst! Auch wir bleiben ganz gewiss nicht verschont, sodass wir, als hinter einer Biegung vier junge Damen in militärischem Gleichschritt nach rechts ausschwenken, uns vollständig den Weg versperren und uns einladend Gläser mit Wasser hinhalten, sie begierig packen und den Preis zahlen, bevor wir die Quelle selbst entdecken, aus der sie ihre Ware bezogen haben. Hätten wir nicht das Gleiche tun können – gratis? Und diesen kleinen Trinkschlauch ausprobieren – Mr Toms Investition in Chamonix? Oh, diese Gebirgsquellen! Haben wir ihr Plätschern je anders als mit Freude vernommen oder uns je anders als mit Dankbarkeit an ihnen erquickt?

Aber wir waren nicht die einzigen Touristen auf dem Montenvers. Ein deutscher Herr von komfortablen Ausmaßen und seine ebenso ausgestattete Frau zogen auf Maultieren an uns vorüber. Als sie abstiegen, half unser P. B. S. – mit seiner angeborenen Höflichkeit und Galanterie – der Frau Meyer die Steigung hinauf und bewältigte dabei die eher schwierige Aufgabe, ohne Zuhilfenahme eines Wörterbuchs auf Deutsch Konversation zu machen.

Die Tochter begleitete die beiden zu Fuß, doch da sie mit den Maultieren nicht mithalten konnte, fiel sie zurück, um Bekanntschaft zu schließen und uns in unserer Muttersprache anzusprechen, mit nur leichtem ausländischen Akzent. Ihr intelligentes, offenes Wesen, ihre Freimütigkeit und ihre süße Schüchternheit nahmen uns für sie ein, während sich eine freundliche Unterhaltung zwischen uns entsponn. Wir erfuhren, dass Mathilde in Aix-la-Chapelle zu Hause war und dass es unter ihren Schulkameradinnen auch einige englische Mädchen gegeben hatte, daher ihre Gewandtheit in unserer Sprache. Wie sie staunte über das Vertrauen unserer Eltern, die einer so jungen Sippe eine Reise so fern der Heimat erlaubten, ohne Begleiter oder Gouvernanten – eine Freiheit, die den Konventionen des deutschen Lebens zuwiderlief. Mathilde selbst war ein Einzelkind, das stets in Sichtweite der Eltern zu bleiben hatte.

Bei der kleinen Herberge angekommen, schauen wir zurück auf unseren Aufstieg auf 1921 Meter und voraus auf das Mer de Glace, das sich mit seinen zerklüfteten Eisflächen zur Rechten über zehn Kilometer erstreckt. Vor uns türmen sich einige der höchsten Gipfel der Gegend, die zusammen eines der berühmtesten Panoramen der Welt bilden: Aiguille du Dru, Aiguille du Moine und Aiguille Verte, die gut 2000 Meter über dem Gletscher und Montenvers, dem Aussichtspunkt, auf dem wir stehen, mit den Wolken kämpfen. Das Mer de Glace selbst beschreiben zu wollen ist müßig, denn keine Beschreibung vermag einen korrekten Eindruck von der Wirklichkeit zu geben. Wir betraten die Hütte, um Brot, Käse und *limonade gazeuse* zu uns zu nehmen, und hätten liebend gern einige der Schnitzereien, die zum Verkauf ausgestellt waren, davongetragen, wäre da nicht die Sorge gewesen, die zarten Stücke bei unserem Abstieg zu zerbrechen. Mathilde hätte sich unserer Expedition auf den Gletscher gern angeschlossen, doch leider war sie ein zu kostbares Gut, um aus dem Blickfeld ihrer Eltern entschwinden zu dürfen, und so verabschiedeten wir uns von unserer Bekanntschaft von Montenvers – wenn auch nicht für immer.

Wie oft hatten wir mit Erstaunen festgestellt, dass die sprichwörtlichen Gefahren einer Alpenwanderung, solange man sich auf den ausgewiesenen Pfaden bewegte, reine Hervorbringungen der Fantasie waren. Doch der Abstieg von Montenvers hinab auf den Gletscher erwies sich als Prüfung für die Nerven einiger weiblicher Mitglieder, die noch nicht an schwindelerregende Höhen gewöhnt waren, sodass der starke Arm unseres neuen Clubmitglieds mehr als willkommen war! Wie seltsam, wie überaus unpassend es sich an diesem heißen

Sommertag anfühlte, unter den Füßen das Eis knirschen zu hören und in gähnende Spalten hinabzublicken, blaue, kristallgesäumte Schlünde von 25 bis 30 Meter Tiefe. Wir überwanden zahllose Fährnisse zu unseren Füßen, indem wir vorsichtig in die Stufen traten, die uns der Bergführer schlug, und verbrachten so eine gute halbe Stunde auf dem glatten Eis. Wie die Kühe von Chamonix, die jeden Juli über den Gletscher zu frischen Weiden getrieben werden, je auf die andere Seite gelangen, ist ein Wunder! Es braucht, so hat man uns erzählt, die Hilfe von Männern, Frauen und Kindern aus der Gegend, die einen Festtag daraus machen und die armen Tiere mit Gesang und Rufen über das Eis treiben.

Selbst zwischen den Felsen sammelten wir Wildblumen, und auf dem Mauvais Pas – einem schmalen Pfad, im Grunde nur ein Felsvorsprung, der in die senkrechte Bergwand gehauen war – liefen wir auf einer Bohle aus Tannenholz durch einen sprühenden Wasserfall, der wie die Quelle am Berg Sinai aus dem nackten Felsen zu entspringen schien. Genau an dieser Stelle begann es zu regnen, aber was tat's? Regen war ein viel zu banales Ereignis, um uns stören zu können, und zudem beanspruchte der Mauvais Pas schon unsere volle Aufmerksamkeit, als wir uns über den schlüpfrigen Vorsprung schoben und uns einzig und allein ein Seil, das mit Eisenringen am Felsen festgemacht war, vor dem 120 Meter tiefen Absturz auf das Geröll der Moräne bewahrte. »Chapeau«, ein kleines Alpendorf im Schutze eines Felsvorsprungs, der wie ein Hut aussah, markierte das Ende dieser gefährlichen Route, denn von dort bis hinunter ins Tal führte unser Weg am Gletscher entlang, der, wo er sich über einen unsichtbaren Felsriegel schiebt, in Tausende Splitter zersprungen ist, in deren überaus bizarren

Formen die Einbildung zahllose fantastische Gegenstände zu erkennen vermag.

Ein Schriftsteller vergleicht sie mit einem Strom von Eishexen und Kobolden, die mit ihren Kindern und Sack und Pack in die tiefsten Tiefen hinabfahren, und mit kopflosen Mönchen und Riesen. Wir erkannten das gezackte Rückgrat eines vorsintflutlichen Ungeheuers, das einen Highlander im Kilt dazu trieb, einen Feind weiter unten zu attackieren. Dort saß Sir Cresswell Cresswell in einem überfüllten Gerichtssaal mit perücketragenden Anwälten, einem blassen Ankläger und den Verteidigern. Daneben Mönche mit Kapuze, eine Madonna mit Kind und geisterhafte Gestalten, wie sie durch Bunyans Gehirn gezogen sein mochten, als er das Tal der Todesschatten bevölkerte. Turmspitzen, Pyramiden, Sphinxen, Obelisken und alles Erdenkliche aus monumentalem Marmor findet in diesem Meer aus zerklüftetem Eis ein Modell. Doch bis ins Tal und nach Chamonix liegt noch eine Stunde Wanderung vor uns, vorbei am Fuße des Gletschers und durch das Dorf Les Tines, und so lassen wir unseren lebhaften Gletscher hinter uns und wenden uns dem Kampf mit dem Regen zu, der die Qualität der Regenmäntel nun auf die härteste Probe stellt.

Wir kommen an dem Kuhhirten vorbei, der seine Herde nach Hause treibt – das Geläut ihrer Glocken ist die Musik dieser Gegend –, dann werden wir von mehreren Wanderern im Gänsemarsch überholt, unter denen wir den redseligen Mann vom Ärmelkanal wiedererkennen. Als der Regen heftiger wird, suchen wir Schutz in einer Hütte und gewinnen so weitere Eindrücke vom Chaletleben und der Armut der Bewohner. Die gute Hausfrau gewährte uns echte Gastfreundschaft und türmte eifrig Feuerholz auf, um unsere nassen Schuhe und

Mäntel zu trocknen, während sie uns mit Fragen löcherte und sich über die Antworten köstlich amüsierte. Und tatsächlich, würde unsere Unterhaltung in diesem der Wahrheit verpflichteten Bericht akkurat übersetzt, so könnte, fürchten wir, mehr als eine alte Freundin sich ernsthaft desavouiert sehen.

Wieder im Hotel angelangt, hatten wir großen Spaß bei dem Versuch, mit den nassen Kleidern, die den Regenguss überstanden hatten, am *table d'hôte* eine präsentable Erscheinung abzugeben. Miss Mary wählte den mönchischen Stil mit Mantel und Gürtel. Miss Eliza verkörperte die ehemals vornehme Dame in erschlafften Kleidern, eine andere, unsere Künstlerin, verzichtete zugunsten des eleganten Faltenwurfs auf die Krinoline, während Miss Sarah, deren Regenmantel ihr beste Dienste geleistet hatte, stellvertretend für alle in modischer Garderobe erscheinen musste. Da der Regen noch immer anhielt, waren wir im Haus gefangen, statt die Kirche oder den Cascade du Dard oder die Geschäfte von Chamonix aufzusuchen, die uns über den Fluss hinweg so verführerisch zublinzelten. Also unternahmen wir den löblichen Versuch, die ersten Seiten unseres Journals zu schreiben, die jedoch zugleich der letzte Eintrag in unserem Heft werden sollten. Dann wurde verkündet, dass wir am nächsten Tag um vier Uhr in der Früh aufzustehen hätten, weshalb wir uns zurückzogen und uns den Schlafliedern der Arve hingaben, die ungestüm unter unserem Balkon dahinbrauste. Die Komplikationen des Hotellebens, das Feilschen um Bergführer und Maultiere und die Arrangements für den nächsten Tag lasteten an diesem Punkt auf den männlichen Mitgliedern unseres Clubs.

Mittwoch, 1. Juli 1863
La Tête Noire

Um vier Uhr morgens wurden wir vom Läuten der Kuhglocken geweckt, als eine Herde durch das Dorf zog. Beim Aufstehen sahen wir erleichtert, dass der Regen aufgehört hatte, und waren noch besseren Mutes, als die Fachleute vor Ort für unseren Ausflug nach Martigny über den Pass am Tête Noire schönes Wetter vorhersagten.

Die Bergführer waren ganz aus dem Häuschen und erzählten von einem Mr Kennedy, dem Vorsitzenden einer überwiegend aus Londoner Männern zusammengesetzten Gesellschaft, die sich den Namen Alpine Club gegeben hatte – und das ohne jeden Bezug zu verwandten Vereinen, die vor allem im eher robusteren Norden Englands gedeihen (ein herausragendes Exempel findet sich zum Beispiel in der Nachbarschaft von König Arthurs Hof im alten Camelot). Unsere Gruppe zählte acht Personen und lieh vier Maultiere, sodass wir abwechselnd laufen und reiten konnten. Um fünf Uhr setzte sich unsere Kavalkade unter der Aufsicht unseres Bergführers vom Vortag, Pierre Balmat, in Marsch. Auf dem Weg durchs Dorf befiel uns kein geringes Maß an Bedauern, dem König der Berge den Rücken kehren zu müssen, zumal die Wolken eilig von seinem Gipfel hinabjagten und den Aufstieg auf La Flégère, auf den wir leider hatten verzichten müssen, umso erstrebenswerter machten! In Anbetracht der Mühen, die es kostet, dieses berühmte Tal zu erreichen, wäre es sehr viel besser gewesen, seinen Schönheiten mehr Zeit zu widmen. Und tatsächlich ist Zeit ein entscheidendes Element, um von der Herrlichkeit einer Landschaft die größte und bleibendste Befriedigung zu erlangen, damit jeder Eindruck einsinken und zu einem dauerhaften Besitz fürs Leben werden kann. Wir blieben oft stehen, um zur schneebedeckten Krone des Montblanc zurückzuschauen, der wie ein Keil aus reinstem, mit Raureif bedecktem Silber unter einem Baldachin vom sanftesten Blau in der Sonne glitzerte und aussah, als würde er bis in den Himmel selbst und zum »großen weißen Thron« aufsteigen. Dank des starken Regens in der Nacht und der heißen Sonne am Morgen war alles, jedes Chaletdach und jeder gefällte Baumstamm am Wegesrand, in der Farbe satter und im Glanz heller. Sogar die Pfützen auf dem Weg, in denen sich die saphirblauen Nuancen des Himmels widerspiegelten, steuerten ihren Teil an Farbe bei.

Eine zweistündige Wanderung brachte uns in das Dorf Argentière, in das der Gletscher gleichen Namens hineinzufließen schien. Kurz darauf kamen wir nach Vallorcine, das schon mehr als einmal von einer Lawine hinweggerissen worden war. Die Chalets standen auf Pfählen, damit der Schnee ungehindert ins Tal abgehen konnte. Alle sieben bis acht Kilometer sahen wir ein Kruzifix oder einen ärmlichen Schrein am Weg, geschmückt mit ärmlichen Kunstblumen. Die Inschriften versprachen jedem, der sich vor dem Heiligen der Gegend verbeugte, zwanzig oder vierzig Tage Ablass. Wie zu erwarten war, prägten Unwissenheit, Armut und Elend die Häuser dieses Tals. Als wir uns dem Gasthaus von Barberine näherten, wurden diejenigen, die auf den Maultieren saßen, nicht etwa daran vorbei-, sondern von den getreuen Kreaturen stracks in den Stall zu dem anderen Vieh getragen. Diese freundliche Erinnerung an Mittagessen für Mensch und Tier veranlasste uns, zu diesem Zweck anzuhalten. Während die Kalbsschnitzel in der Pfanne brutzelten, nahmen wir das Gästebuch in Augenschein, das zu den neugierigsten gehörte, die uns je begegnet waren, war es doch nicht damit zufrieden, den jetzigen Aufenthaltsort zu erfahren, sondern verlangte mit behördlicher Autorität auch Vergangenheit, Gegenwart und Zukunft zu erfahren. Die Angaben, die wir hinterließen, werden für diese Behörden sehr erhellend gewesen sein! In Sichtweite des Gasthauses gab es einen sehr schönen Wasserfall – den »Barberine«, der erheblich mehr Eindruck machte als all unsere englischen Fälle. Die halbe Stunde, die eine gründlichere Inaugenscheinnahme in Anspruch genommen hätte, konnten wir nicht erübrigen, und so mussten wir ihn hinter uns lassen und zu der engen Schlucht aufbrechen, die wir zwischen den Bergen ausmachten. Die Vegetation am Wegesrand war üppig und abwechslungsreich. Büschelweise Nelken, zarte Farne, Glockenblumen und wilde Erdbeeren und auch Moose in kleinen Rinnsalen schmückten die grünen Böschungen. Mehr als eine Sägemühle, übrigens die einzigen Hinweise auf Maschinentechnik, wurde von dem lebhaften Strom angetrieben, der dem Wasserfall entsprang und, je weiter wir kamen, über Abgründe und gewaltige Felsblöcke stürzte, die von den hohen Bergen herabgeschleudert worden waren. Der Weg läuft dicht an einer Schlucht entlang und durch einen in den Felsen gehauenen Tunnel über dem mehrere hundert Meter tiefen dunklen Abgrund. Auf der gegenüberliegenden Seite erhebt sich steil ein gewaltiges Bergmassiv, dessen Kuppen vom grünsten Grün gepolstert und mit vereinzelten Chalets gesprenkelt sind, den Sommerhäusern der einsamen Kuhhirten. Eine solche Erhabenheit, dachten wir, sei nicht zu überbieten. Doch dann biegen wir um die Schulter des nächsten Berges, und Tête Noire selbst schaut, von schwarzen Pinien bedeckt, aus noch grandioserer Höhe auf uns hinab. Durch diesen dunklen Bergwald liefen wir für die nächste halbe Stunde und sahen kaum einen Fetzen Himmel. Mit unserem Vorrat an Adjektiven und Ausrufen auf Englisch und Französisch am Ende, schlängelten wir uns schweigend durch dieses Labyrinth aus Felsen und fühlten uns, als wäre die Erde bis ins Mark erschüttert und wir in ihre tiefsten Klüfte hinabgeworfen worden. Als Nächstes traten wir aus dem Wald hinaus in das wunderschöne, von Weiden bedeckte Tal des Trient. An seinen Hängen trägt es die traurigen Spuren von Lawinen. Es ist ein Wunder, wie diese Hütten das Wüten der Schneemassen überstehen, die, mit immer größer werdender Kraft, zu beiden Seiten niedergehen, oder wie die Chalets den geschwollenen Gletscherflüssen standhalten, die durch die Talsohle laufen.

Als uns die Mittagssonne auf die Schultern brannte und wir uns den steilsten aller Wege hinaufquälten, lag die Vorstellung von eisiger Kälte unserer Fantasie denkbar fern, bis wir unseren Blick höher hoben und er auf ein Plateau mit noch ungeschmolzenem Schnee auf dem Col de Balme fiel, 2204 Meter über dem Meeresspiegel. Seltsam fühlte sich auch die winterliche Brise an, die nach unserem sonnigen Aufstieg auf den Forclaz aus den verschneiten Regionen Savoyens zu uns herüberblies. Dann endlich hatten wir den Kamm erreicht. Oh! Danke für den Schatten, die Erholung, die wilden Erdbeeren und die Milch in dem freundlichen Unterstand auf dem Gipfel des Forclaz! Diese Erfrischungen, die an jedem kleinen Chalet, an dem wir vorüberkommen, in verführerischerer Weise ausgelegt sind, stellen für den Schweiztouristen einen nicht zu vernachlässigenden Ausgabenposten dar. Unsere Maultierreiter machen an der nächsten Herberge auf der Grenze zwischen Savoyen und der Schweiz halt, wo wir den berühmten Kanton Wallis betreten. Nach der Erholung in der Laube fassen wir wieder Herz, Fuß und Alpenstock und überqueren den Col de la Forclaz, der nichts Besonderes an sich hat. Doch nach einer Biegung sind wir – soll ich sagen versteinert oder gelähmt? Keines von beiden, aber in einen Zustand geistiger Starre versetzt, wie ihn diese starken Begriffe im Körperlichen bezeichnen, als sich vor uns völlig unerwartet das Rhônetal, eines *der* Alpenpanoramen überhaupt, wie eine Luftspiegelung ausbreitet. Oh, geschätzter Leser (Frage: Warum eigentlich sollte der Leser immer ein geschätzter sein?), ließe sich die Schönheit dieser unvergleichlichen Landschaft doch nur auf deine Netzhaut glasieren, ich müsste sie nicht durch grobe Beschreibung verderben. Man stelle sich die Rhône vor, wie sie sich über dreißig Kilometer durch dieses weite Tal schlängelt, neben ihr die Hauptstraße nach Italien und die zum Teil fertiggestellte Eisenbahn. Die zerfurchten Bergrücken sind in Pinien gehüllt und von schroffen Steinen überzogen, und im Hintergrund erheben sich mit einer Krone aus Schnee vor dem azurblauen Himmel die Diablerets, der Strubel und die kahle Gemmi – ein Panorama von ungeheurer und einsamer Erhabenheit.

Ruskin schreibt über die Route, die wir damit zurückgelegt haben: »Ich kenne kein Gebiet von reinerem, ungetrübterem, von fremden Einflüssen unberührter gebliebenem Gebirgscharakter (und zwar von solchen höchsten Ranges) als das, welches den Lauf des Trient zwischen Valorsine und Martigny begleitet. Die Pfade, die aus dem Rhônetal dort hinaufführen, steigen zuerst in steilen Krümmungen zwischen Walnussbäumen an, wie sich die Treppen eines gotischen Turmes um die

Pfeiler winden, um sich dann hinter den Schultern der Hügel in ein fast unbekanntes, aber von einer dichten, fleißigen und genügsamen Bevölkerung bewohntes Tal zurückzuziehen.«[8]

Aber da wir in die Ruskin entgegengesetzte Richtung laufen, werden wir von den näher liegenden Aussichten angezogen, von den smaragdgrünen Weiden, die einen Weiler mit nussbraunen Chalets umschließen, und, ganz am Rande des gut sechs Kilometer weiten Panoramas vor unseren Füßen, von Martigny, unserem Ziel, das in der klaren Luft so nah wirkt, dass wir unseren »armen Füßen« telegrafischen Zuspruch senden und die Zusicherung, schon ganz bald dort hinunterzulaufen. Doch welch falscher Schluss! Hinter jeder kurzen Biegung zeigt sich immer wieder nur ein Pfad von vielfacher Länge statt eines geraden Hangs, und dieser Pfad ist mit losen Steinen übersät, die unsere Schuhsohlen zu pulverisieren drohen. Die Maultiere werden verschmäht, denn der Abstieg auf einem Maultier ist noch sehr viel beschwerlicher als der zu Fuß. Tatsächlich warf ein Maultier seinen Reiter ab, wobei, um dem Tier Gerechtigkeit zu tun, in dem kamelartigen Knicks, das seiner nonchalanten Rolle über den Pfad voranging, durchaus eine gewisse orientalische Grazie lag und die Eskapade uns reichlich Amüsement verschaffte, als wir unseren Don unverletzt auf die Füße springen sahen. Die Straße nach Martigny wird von Walnuss-, Birn-, Apfel- und Pflaumenbäumen gesäumt, aber wir geben unser Wort – wenn auch nicht Reynards – darauf, dass sie alle sauer waren. In ihrem Schatten erreichen wir Martigny – aber nein, es ist nur Martigny-Bourg, wir haben noch eineinhalb Kilometer auf diesen Steinen vor uns, bevor wir unser Ziel erreichen. Als wir uns der Stadt nähern, meint unser Führer, den Zügel eines der Maultiere, das reiterlos ist, an den Schweifriemen des Tieres binden zu müssen, auf dem nun unsere Künstlerin saß. Auf der Hauptstraße trotteten sie noch freundschaftlich dahin, doch auf dem Marktplatz der respektablen Stadt Martigny schwollen ob der Schmach, einen elenden Bruder hinter sich durch die Gassen ziehen zu müssen, Gefühle des Stolzes oder der Rebellion im Busen unserer Rosinante, und sie erklärte den Krieg, indem sie erst zu jeder halben, dann zu jeder Viertelnote austrat, was als Aufforderung zum Absteigen ausreichte, woraufhin das Maultier sein Präludium in einem Halb-halb-Achteltakt vor dem Hotel »Le Clerc« und einer größer werdenden Menschenmenge fortsetzte. Zur großen Sorge der »geborenen Beschützer« wurde nun bemerkt, dass zwei von uns, Miss Eliza und Mr James, nicht zur Stelle und schon seit einer Weile nicht mehr gesehen worden waren. Mr H. H. M. wurde ausgeschickt, sie zu suchen, und tat sich dazu mit dem Sohn des Lordkanzlers von England und dem ehrenwerten Fräulein Westbury zusammen. Vielleicht weil er unser weibliches Clubmitglied als Schutzbefohlene seines Vaters ansah, tat dieser Aristokrat sein Bestes, um bei der Suche behilflich zu sein. Nach der ganzen Aufregung stellte sich am Ende heraus, dass unsere Vermissten uns tatsächlich voraus waren. Die ganze Gesellschaft kam an der gastlichen Tafel des »Hotel Clerc« in Martigny zusammen, und für seine Mühen wurde Mr H. H. beim Abschied unseres Bergführers mit einem Lebewohl belohnt, dessen anrührende Freundlichkeit einen bleibenden Eindruck hinterließ.

Als wir nach unserem ersten langen Tagesmarsch im *salle-à-manger* saßen, spürten wir mit dem Hunger auch die Erschöpfung. Mr James war die vollen vierzig Kilometer gelaufen, die Damen durchschnittlich 27 Kilometer. Zu gern wären wir noch eine halbe Stunde über diese Straße zu den Schlossruinen von La Bâtiaz spaziert, aber die müden Füße ließen es uns zufrieden sein, sie aus der Ferne zu bewundern, während unsere Künstlerin eine flüchtige Zeichnung anfertigte.

Martigny, an der Hauptstraße zum Simplon und am Ende der von Chamonix über den Sankt Bernhard kommenden Straße gelegen, ist nicht uninteressant. So unterhalten zum Beispiel die »frommen Mönche von Sankt Bernhard« dort in einem Kloster ihr Hauptquartier, zu dem sie ab und zu aus Gründen der Erholung und der Abwechslung zurückkehren.

In den Jahren 1545 und 1818 gab es zwei verheerende Überflutungen durch die Dranse und die Rhône, nachdem sich das Wasser jahrelang hinter einer Wand aus Eis und Schnee angesammelt hatte und dann plötzlich durchs Tal schoss und die gesamte Stadt und ihre Bevölkerung mit sich riss. Die malerische und einfache Kirche mit dem Spitzturm aber, deren abgerundete Steine von ihrem Alter künden, hatte der wütenden Flut von 1818 standgehalten.

Doch die zwei Stunden, die wir für Martigny eingeplant hatten, waren bald vorüber, und wir machten uns wieder auf, um den knappen Kilometer zum Bahnhof zurückzulegen. Und was für ein Spaziergang das war! Einer dieser seltenen Spaziergänge im Leben, die durch nachfolgende Eindrücke oder den Lauf der Zeit nicht ausgelöscht werden können. Bei denen jeder hellwache Sinn befriedigt wird, Ohr, Auge und Geruchsempfinden sich am Bankett der Natur laben. Ja, es war ein Spaziergang, der einen Eindruck fürs Leben schafft und hinterlässt. Im Westen sieht man zwei einander gegenüberstehende Vorberge, einer von der in Ruinen liegenden Festung von La Bâtiaz gekrönt, der andere von einem Reif aus Granit;

ihre dunklen Kämme schneiden abfallende Linien in den Himmel und verbinden sich im Tal vor einem Bogen aus leuchtendem Bernstein. Die untergehende Sonne ergießt ein zinnoberrotes Kolorit auf die umrahmenden Berge und kleidet ihre Spalten mit leuchtendem Karminrot aus, während im ganzen Tal ein weiches, sanftes Licht die Bäume und Böschungen und Hecken umspielt und wir beim Gehen die abendlichen Düfte von Heufeldern und Blumen einatmen und die Glocken jenes alten, malerischen Kirchturms mit so charmanter Schwingung ihre Tonfolge läuten, dass man meinen könnte, die Glocken und die Luft hätten sich verschworen, um uns zu verzaubern.

Auf unserer ganzen Reise wurden wir nur zu diesem einen Bahnhof von einem englischen Bediensteten begleitet, und hier verabschiedeten wir uns schweren Herzens von unserem liebenswürdigen Mr Cook, der die Reiseleitung nun in die Hände der Gentlemen des Clubs legte und, traurig, so schien es uns, den Schönheiten der Schweiz den Rücken kehrte, um sich um seine »einsame Begleiterin« und die Arrangements für andere in der Heimat zu kümmern. Vom Heufeld stiegen wir in den Zug und fuhren 29 Kilometer auf dieser Strecke, die, sobald fertiggestellt, ein Wunder Norditaliens und ein Triumph moderner Ingenieurskunst sein wird. Da wir nicht müde zu sein meinten, brachten wir dem Mond, der über einer turmhohen Felswand schimmerte, mit englischen Liedern und Glees ein Ständchen, bis unsere stummen und phlegmatischen Mitreisenden ein klein wenig munterer wurden. Wir baten sie, uns ein Lied aus ihrer Heimat zu singen, was sie aber nicht im Waggon verschwenden, sondern uns im Gasthaus vortragen wollten. Im gleichen Moment fahren wir in den Endbahnhof in Sion ein und sitzen kurz darauf in einem untergliederten Omnibus. Zwei Plätze sind bereits von deutschen Studenten besetzt, die angesichts der Komprimierbarkeit der englischen Damen ein enormes Vergnügen an den Tag legen. Jener ausgelassene junge Mann im grauen Anzug mit blauer Brille ergeht sich in zwei Sprachen zu dem Thema. Glücklicherweise lässt er auch ein englisches Wort fallen, sodass wir gewarnt sind, bevor wir den Fauxpas begehen, unserer Meinung über sie in unserer Muttersprache Ausdruck zu verleihen.

Als wir vor dem Hôtel du Lion d'Or vorfuhren, einem grimmigen, gefängnisartigen Gebäude aus Granit, wurden Bedenken laut, ob wir dort einkehren sollten, doch als wir den zweiten Stock sauber vorfanden, quartierten wir uns für die Nacht ein. Da wir an jenem Tag mehr als sechzig Kilometer zurückgelegt hatten, fast die Hälfte davon zu Fuß, einigten wir uns darauf, nicht mit der Postkutsche um vier Uhr morgens aufzubrechen – dies eingedenk des klugen Leitsatzes, den unser guter Professor so oft auf den Lippen führt, dass nämlich, »wo die Erschöpfung beginnt, der Spaß aufhört«. Es war nun zehn Uhr abends und so verführerisch kühl, dass das Angebot, eines der Schlösser von Sion zu besichtigen, unwiderstehlich war. Dieser kurze Spaziergang verschaffte uns einen getreueren Eindruck von der wehrhaften Stellung und dem feudalen Charakter dieser alten Grenzhauptstadt als der in der gleißenden Mittagssonne des nächsten Tages. Das Schloss und das alte Kloster mit Basilika thronen auf zwei steilen Felsrücken. Ruskin erzählt auch von dem Bischofspalast: »Durch die Bogen dieses Gitterwerks hindurch sieht man die breite Straße des großen Tals sich in der Ferne senken, erweitert von Reihen buschigen Laubwerks, welches zuletzt matt und reich zu meilenlangen grauen, von Dorn- und Weidegestrüpp wild erfüllten Sümpfen entartet. Gestützt auf mächtige Abhänge und ununterbrochene Ausläufer gewaltiger Vorgebirge, erheben sich zu beiden Seiten des Tals die großen Berge durch rosige Täler glühender Luft zu ihren erhabenen Höhen empor. Auf ihren dunklen Gipfeln glühen die halbmondförmigen Firnfelder, als ob – wenn es im Himmel Trauer gäbe, wie es dort einst auch Krieg gab – eine Reihe abnehmender Monde als Lampen an die Wände einer Grabeskammer im Unendlichen gesetzt worden wären.«

Aber Schloss, Kloster, Basilika und Palast sind nur noch traurige Schatten ihrer einstigen Pracht. Der Turm, heißt es, wurde dreißigmal belagert und hat mehrere Feuersbrünste erlitten.

Wir fanden unsere kahlen Schlafzimmer mit dem Eichenfußboden kühl und bequem, auch wenn die Postkutsche uns um vier Uhr morgens aus dem Schlaf riss und der Lärm der allgegenwärtigen Steinmetze, die am liebsten am frühen Morgen arbeiten, uns wach hielt.

Donnerstag, 2. Juli 1863
Sion und Leukerbad

Aus unserem Fenster sahen wir die Frauen von Sion, die sich auf ihr Tagwerk vorbereiteten, auf den Bordsteinen hockten und Kirschen feilboten und die eigentümlichen Trachten und Hüte der Gegend trugen. Die schmale Krempe ist weder eine nützliche noch eine vorteilhafte Verbesserung gegenüber den breiten Schattenspendern, die in Savoyen getragen werden.

Da es zum Frühstücken noch zu früh war, spazierten wir im Schatten der hohen Häuser, die recht baufällig wirkten, durch die wenigen Straßen der Stadt. Einige schöne Beispiele kühner Schmiedekunst zeigten sich in Eisengittern und Ornamenten an Fassaden oder zur Verzierung von Gebäuden oder Balkonen. Das Portal des Rathauses entlohnte uns für unsere Recherche, nicht nur wegen seiner ausgefallenen Schnitzereien, sondern wegen der Inschriften, deren hervorstechendste jene Passage aus Psalm 87 war: »Sie ist fest gegründet auf den heiligen Bergen. Der Herr liebt die Tore Sions mehr als alle Wohnungen in Jakob. Herrliche Dinge werden in dir gepredigt, du Stadt Gottes.«

Als wir beim Frühstück saßen, betraten zwei Damen in einzigartiger Tracht, von höherer Qualität, als wir sie bei den Bäuerinnen gesehen hatten, den *salle-à-manger*. Sie bestand aus einem Rock aus braunem und schwarzem Stoff, der bis hinauf zu dem eng anliegenden schwarzen Samtkorsett in schmale Falten gelegt war, dazu weiße Ärmel und eine bis zum Hals geschlossene Chemisette. Filigrane Silberrosetten vorne und hinten am Ärmelausschnitt, durch Silberketten wie durch Girlanden miteinander verbunden, waren ihr einziger Schmuck. Ein hübscher runder Hut mit Krempe vervollständigte die Toilette. Aber zurück zum Frühstück. Honig war immer auf dem Teller (beziehungsweise im Topf) und fand Gefallen. Dazu gab es ein ausgefallenes keksartiges Backwerk, das in zwanzig Zentimeter langen und vier Zentimeter breiten Stangen gebacken wurde, ebenfalls beliebt, wobei das Brot dieser Gegend von einer Beschaffenheit war, die darauf ausgelegt schien, Verdauungsbeschwerden zu verschlimmern, und ein jeder, der sich an das bange »Wer heute prasst, wird morgen darben«

und »Spare in der Zeit, so hast du in der Not« hält, wird wohl in jedem Touristen, der aus der dicken und nicht essbaren Kruste einen zehn Zentimeter großen Brotwürfel herauspult, einen zukünftigen Hungerleider und Almosenempfänger entdecken. Frage (die Antwort findet sich weder bei Murray noch in den Warnungen des *Baedekers*): Sind die Zahnärzte mit den Bäckern im Bunde?

Um neun Uhr dreißig fuhr unsere komfortable Kutsche nach Loèche-les-Bains oder Leukerbad ab, gezogen von römischen und englischen Rössern, wie unserem Professor vom Kutscher mitgeteilt wurde, einem intelligenten, dunkeläugigen Mann, der Englisch sprach und die Weltausstellung besucht hatte.

Wir fuhren zwanzig Kilometer das Tal hinauf, die breite, ungestüme Rhône und die Eisenbahnschienen zur Rechten, die mit Wein und Mais bebauten Hänge zur Linken. Die Hitze war übermäßig, und wir konnten nur die Augen schließen und sie ab und zu wieder öffnen, wenn wir vom Schatten eines Walnussbaumes verwöhnt wurden. Auf der ganzen Strecke lagen Arbeiter ausgestreckt in ihrem gütigen Schatten. Offenbar war es die Stunde der Rast, nur nicht für die lustigen kleinen Grashüpfer, die zu Tausenden die Straße säumten, hoch in die Luft sprangen und ein Geräusch machten, das nicht weniger beständig war als das der surrenden Webstühle in Lancashire.

Die Muskatellerreben fanden wir am weitesten gereift von allen, die wir gesehen hatten, die Trauben waren so groß wie große Johannisbeeren; die Sorte wird nur in diesem Tal angebaut. So üppig die Vegetation und so herrlich die Landschaft, hier sahen wir viele arme unglückliche Kretins und Kröpfe. Diese wunderschöne Gegend scheint eine der ärmsten und melancholischsten in ganz Nordeuropa zu sein. Aberglaube,

Unwissenheit, Armut und die unsauberen Gebräuche der Menschen werden zusammen mit den ungesunden Bedingungen in einem tiefen, geschlossenen Tal als Gründe für das sichtbare Elend angeführt. In Sierre machten wir auf eine *limonade gazeuse* halt und schlenderten durch die Straßen, um Insektenkunde zu betreiben und Grashüpfer von allen Größen und Farben zu fangen. Und dann, nach einer Kurve in der Straße, begannen wir unseren Aufstieg durch das Dalatal, eine der schönsten Schluchten der Schweiz. Die Straße, ein weiteres Exempel Schweizer Ingenieurskunst, führt über 16 Kilometer nach Leukerbad hinauf, das 1411 Meter über dem Meeresspiegel liegt. Sie ist eine einzige Aufeinanderfolge von Serpentinen, mit Felswänden auf der einen und dem Abgrund auf der anderen Seite. Es ist eine Strecke von unvergleichlicher Schönheit, und während man auf den kurvenreichen Terrassen aufsteigt, gewährt jede neue Höhe und jede Kurve einen noch weiteren, wenn auch ferneren Blick auf die transzendente Schönheit dieses gewaltigen Panoramas. Die von Schlössern gekrönten Zwillingsfelsen von Sion liegen jetzt in weiter Ferne und wirken wie simple Hügel im Vergleich zu den umgebenden Bergen, die mit ihren mannigfaltigen Furchen die Grenzen dieses schönen Tals markieren. Das Dorf Leuk, durch das wir nun fahren, besitzt eine einzigartige befestigte, bergfriedartige Herberge mit einem Turm an jeder Ecke und einer Barbakane, die von Armbrustgefechten und feudalen Zeiten erzählt. Die Menschen hier wirken wacher als die im Tal – ja, wahrhaftig, der Student in Grau, nebst anderen Neugierigen, steckt den Kopf aus dem Fenster, um uns zu mustern, während andere ein lebhaftes Interesse an uns fassen. Zu den Wundern auf dieser Strecke gehört eine Brücke mit drei Bögen, die in

130 Meter Höhe die klaffende Schlucht überspannt, in der unten die beengte Dala fließt. Über uns türmt sich eine gewaltige Felswand, in die, um in Cheevers Worten zu sprechen,[9] »im Zickzack die gefahrvolle Galerie« geschlagen ist, die wir nehmen sollen. Zum Gemmipass hin wird sie von einem gewaltigen Kamm zinnenbewehrter Berge verstellt, und noch weiter jenseits sind die luftigen, schneebedeckten Gipfel »leuchtende Pyramiden von reinstem Schnee«. Immer höher folgen wir der Straße, und noch immer liegt fast senkrecht über uns ein Hufeisen aus grünstem Gras, auf das, so könnte man meinen, die Bergelfen einen Schauer aus Kaffeebeeren haben niedergehen lassen. Weiter oben angelangt, haben sich die Kaffeebeeren in wettergegerbte Hirtenhütten verwandelt. Dreihundert Meter höher, und die Felsen zu beiden Seiten der Schlucht scheinen sich zu umarmen. Von diesem Gipfel aus verteidigten die Walliser gut sechzig Jahre zuvor ihr Land gegen die Franzosen, indem sie ihnen Steine entgegenschleuderten und so tatsächlich ihren Vormarsch aufhielten. Mit einem Schwenk durch eine Öffnung in der grünen Bergwand erreichen wir Leukerbad, die Sommerfrische mit Bädern und Chalethotels, eingefasst von dem gewaltigen Amphitheater der Gemmi, die aus 1000 Metern einen Schatten auf ihre grünen Hänge wirft. Die Glocke zum Abendessen läutete, als wir aus der Kutsche stiegen, und so nahmen wir nach einer eiligen Toilette im *salle-à-manger* des »Hôtel des Frères Brunner« Platz. Dieser *salle* war ein niedriger Raum mit Fenstern an beiden Enden, der nicht mithilfe von Arnots Patent, sondern auf entschieden primitive Weise ventiliert wurde. Kleine Schwungräder drehten sich ohne Unterlass und mit konstantem Geratter und gaben so eine eigenartige, lärmende Begleitmusik zu

dem Stimmgewirr der vierzig Essensgäste ab, die im Gegenzug (und zum Schaden des Tafelservice) mit dem Besteck klapperten. Vielleicht hatten wir unseren Appetit im Tal zurückgelassen, oder wir waren wählerisch geworden – jedenfalls fanden wir nicht so recht Geschmack an dem überaus unterhaltsamen Mahl aus sieben Gängen, das von den »Frères Brunner« serviert wurde. Die Suppe war entschieden wässrig, das Rindfleisch mit Bratkartoffeln mager, die Bergforelle hatte ihr natürliches Element gegen ein öliges ausgetauscht. Geflügel und Reis waren *passée*. Gämse alias *chèvre* wurde in Scheiben in einer säuerlichen Soße serviert und war offenbar ein wichtiges und beliebtes Gericht. Wir aber lernten es nicht so recht lieben, und hier verzichteten wir zur abfälligen Verwunderung des Kellners ganz darauf, der, wohl aus Mitleid, dass wir die Vorzüge dieser Speise nicht kannten, nachdrücklich fragte: *»N'aimez vous pas le chamois?«* Unser Freund, der die Gefühle des Fragenden schonen wollte, indem er seine Worte in die englische Sprache hüllte, gab eine Antwort, die vielleicht den Kellner zufriedenstellte, sich für die Ernsthaftigkeit der sieben aber als fatal erwies. Weitere Neuheiten waren Erbsen in der Schote und ein Eis, das ganz genauso aussah wie ein halbes Pfund Butter.

Nach dem Abendessen zog sich die Mehrheit der Gäste zurück, nur ein paar alte Beaus und ihre Freunde blieben und prosteten einander auf demonstrative deutsche Art zu, wobei die Gläser ordentlich geschwungen und gegeneinandergeschlagen und Hände geschüttelt wurden usw. usf.

Leukerbad verdankt, so könnte man sagen, seine Existenz den heißen Mineralquellen, zwölf an der Zahl. Die Hauptquelle erreicht eine Temperatur von 124 Grad und versorgt ganz allein die Bäder. Seit über 320 Jahren sind diese Bäder ein Zufluchtsort für Kranke aus Frankreich, Deutschland und der Schweiz. Im Winter werden sämtliche Hotels und Häuser vernagelt und verlassen. Dreimal schon entdeckten die Bewohner bei ihrer Rückkehr im Frühling, dass alle Spuren des Ortes von Lawinen hinweggerissen worden waren. Dem wird nun mittels eines tiefen Grabens am Fuße des Felsens abgeholfen, der die losen Schneemassen aufnimmt. Es gibt zwei Badehäuser mit jeweils vier großen Becken und einem Laufgang, den die Freunde der Badenden benutzen können, um sich mit ihnen in diesem amphibienhaften Zustand zu unterhalten. Der Patient ist nicht selten dazu verdammt, vier Stunden am Vormittag und vier Stunden am Nachmittag zu sitzen. Um die Eintönigkeit einer solchen Existenz weiter zu lockern, baden Damen und Herren gemeinsam, und man kann sie im Bade sitzen und sich den verschiedenen Beschäftigungen widmen sehen, die sich mit ihrem derzeitigen Element vertragen. Die Anstalt von Leukerbad, da waren wir uns einig, musste am nächsten Morgen besichtigt werden – um zu sehen, was schwer zu glauben war. Wir verbrachten den Abend mit einem Bummel zwischen den Chalets und unter und jenseits der von Linden gesäumten Promenade.

Obwohl redlich erschöpft, verwandten wir unsere verbliebenen Kräfte auf den Versuch, nach Albinen zu wandern, dem höchsten Dorf der Schweiz. Miss Mary und Mr James ließen in ihrem Eifer, dieses Vorhaben zu vollenden, alle Mitstreiter hinter sich. Die müde Natur jedoch zwang einige weniger Enthusiastische zur Umkehr, das bezaubernde Licht des Abends und die wunderbaren Ausblicke in alle Richtungen gewährten Glück genug. Auch lauerte in der Brust der »geborenen Beschützer« die schwelende Angst, dass, wenn jene Leitern schließlich erreicht wären, unsere jugendlichen Heldinnen wohl nicht der Versuchung würden widerstehen können, sie zu erklimmen, und da es schon spät am Abend war und die Dunkelheit hereinbrach, könnte sie bei dem Versuch, unter das gastliche Dach des »Les Frères« zurückzukehren, ein Unfall ereilen.

Bei unserer Rückkehr spielte in der Nähe unseres Hotels eine Kapelle, doch um zehn Uhr hörte die Musik auf. In allen Zimmern ging das Licht an, und unter dem sanften Einfluss des Vollmonds, der langsam und majestätisch hinter der gewaltigen Felswand zur Linken aufstieg, begab sich Leukerbad einmal mehr zur Ruhe:

»... Der Mond, der fast bis Mitternacht geruht,
Kam itzt hervor, der Sterne Zahl beschränkend,
Gleich einem Kessel anzusehn von Glut,
Den Pfad dem Himmelslauf entgegenlenkend ...«

Dante[10]

Freitag, 3. Juli 1863
Die Gemmi

Und so standen wir am Morgen um fünf Uhr auf und sahen die Badenden bereits in halber Toilette zu den Bädern laufen, um sich durchweichen zu lassen. Wir folgten ihnen, nicht als Badende, sondern als Beobachter. Es war nicht leicht, das Gefühl abzuschütteln, dass wir uns einer übermäßigen Neugier hingaben, und noch schwerer war es, eine gewisse Ernsthaftigkeit zu wahren, wie der Anstand sie gebot. Um den sichtbaren Effekt, den die Inaugenscheinnahme auf uns haben würde, zu mildern, waren wir es zufrieden, unseren ersten Eindruck durch die Ecke eines beschlagenen Fensters zu gewinnen, und wären mit diesem verstohlenen Blick vermutlich zufrieden gewesen, hätte nicht ein Offizieller die Tür weit aufgerissen und unseren Rückzug somit unmöglich gemacht. In einem Becken erkannten wir die Dame, die uns am Vortag am *table d'hôte* vis-à-vis gesessen hatte. Ihre nächste Mahlzeit nahm sie bis zu den Schultern im Wasser sitzend ein; auf einem Holzbrett stand eine winzige Kaffeekanne, dazu ein Klümpchen Butter und ein paar Scheiben Brot. Wir konnten die Sitze beziehungsweise Bänke erkennen, die rund um das Becken liefen und auf denen die Menschen in dunkelblauen oder dunkelroten Badeanzügen saßen. Ein Herr mit Schnauzbart, nach eigener Auffassung wohl in den besten Jahren, widmete sich auf seinem schwimmenden Tablett Lederarbeiten, andere Badende trafen Vorbereitungen für ein Damespiel, während ein korpulenter Herr von gut sechzig Lenzen mit runden Schultern ein paar Schwimmzüge durch das Becken unternahm, um mehrere Damen in der gegenüberliegenden Ecke zu begrüßen. Da er dabei nicht sehr rücksichtsvoll vorging, handelte er sich *en route* ebenso viele Spritzer von verschiedenen zu Scherzen aufgelegten Damen ein. Nach den Handarbeitskörben zu urteilen, die am Beckenrand aufgereiht waren, trocknen sich die Damen zwischendurch die Hände, um zu stricken und zu häkeln, obschon wir nichts dergleichen in die Tat umgesetzt sahen.

Um sieben Uhr kehrten unsere zwei Maultiere, Bergführer und Truppe den amüsanten Szenen von Leukerbad den Rücken, um sich dem Aufstieg auf die Gemmi zu stellen. Unsere Fußgänger nahmen einen kleinen Umweg, um die Messe in einer papistischen Kapelle zu sehen und die kuriose Ausstellung ausgestopfter Bären zu begutachten, die ein patriotischer Berner vor seinem Chalet an den Dachbalken aufgehängt hatte.

Die ersten fünf Kilometer unserer Wanderung führten uns über grüne Weiden bis zum Fuß der senkrechten Gemmi, und an ihrer nackten lotrechten Wand hinaufschauend, hatten wir die größte Mühe, einen Pfad auszumachen oder zu begreifen, wie wir je den Gipfel erreichen sollten. An manchen Stellen war der Pfad nicht mehr als eine in diese gewaltige Felswand geschlagene Kerbe, gerade breit genug für ein Maultier, und die Kehren der Serpentinen ragten jedes Mal über den gut 150 Meter tiefen Abgrund hinaus.

Dieser Weg zählt zu den außergewöhnlichsten Alpenpfaden überhaupt und wurde vor einem Jahrhundert von den Tirolern gebaut. Die Kehren und Windungen sind raffiniert angelegt, an vielen Stellen ragen Felsvorsprünge über den Pfad, und eine höher gelegene Felsterrasse springt weiter heraus als die unmittelbar darunter. Die furchtbare Gewalt dieser Felsen ließ uns, als wir uns unter ihren überhängenden Wänden vorwärtsschoben, erzittern, da sie im Geiste unwillkürlich Gedanken an das Ende und den Untergang der Welt heraufbeschworen.

Die Plackerei begann, als wir Fußgänger uns die mittleren Windungen hinaufquälten. An manchen besonders gefährlichen Abschnitten waren zur Sicherheit niedrige Brüstungen errichtet und Handläufe angebracht worden. Hier stiegen alle von den Maultieren, da zwei Beine, so dachten wir, weniger Umsicht erforderten als sechs. Wir vergaßen nicht, das erstaunliche Echo zu testen.

»Die düstre Gemmi lauscht so vollem Schrei,
So vielfältiger Harmonie, so hehr und frei,
[...] dies wundersame Glockenspiel:
Der Lüfte Stimmen, die verbunden sich –
Schwach, fern, nah, tief, erhaben, feierlich!«

Wordsworth[11]

Auf dem Gipfel angelangt, begrüßten wir endlich unser erstes Schneefeld, das uns für unsere Mühen reichlich entlohnte. Hier nahmen uns am 3. Juli 1863 unter brennender Sonne zwei Mitglieder des Junior United Alpine Club, die sich einen Vorsprung verschafft hatten, mit Schneebällen unter Beschuss und beraubten somit eine ähnliche Kampagne, die wir als Dank für vorangegangene Wohltaten für sie geplant hatten, ihrer Frische. Dennoch ließen wir uns unsere Dankesbekundung nicht nehmen. Sie zielte direkt aufs Herz, traf aber bedauerlicherweise das Auge unseres galanten Professors mit einer Wucht, die ihn ins Straucheln brachte. Sein Glasauge rollte in den Schnee! Nach eifriger Suche wurde es bald am Rande einer Schneeverwehung gefunden und wieder an seinen Platz gesetzt (Anmerkung: Natürlich trug unser Professor eine Brille). Aus Angst vor den Folgen unserer Unbesonnenheit wandten wir uns wieder dem Arsenal frischer Munition zu, als – sollen wir es berichten? – wir diese zwei entdeckten, die, zu Hause mutige Verfechterinnen britischer Fairness, nun schändlich unter ihren Regenschirmen Schutz suchten! Drei aus dem einst respektablen und respektierten Fünferbund lagen bald in Trümmern! Oh! Möge Sangster als Referenz für die Unverwüstlichkeit seiner »Drehschirme« nur nicht auf Miss Mary verweisen, Miss Sarah sich nicht voller Überzeugungskraft für zierliche Griffe starkmachen oder Miss Eliza sich etwas auf ihr gutes Stück aus brauner Doppelköperbindung einbilden, das so unversehrt heimkehren sollte, wie es seinen Haken in der Garderobe verlassen hatte. Schade um diese drei geschwungenen Schnäbel, die das gute alte England so unbeschwert verlassen hatten. Sie waren nun, wenn auch nicht wie Mrs Nicklebys erdachter Schirm, »hinter einer unbekannten Tür« vergessen und deshalb für das bloße Auge unsichtbar, vielmehr überzeugte ein Blick auf ihre Überreste den ehrlichen Beobachter, dass diesen konkreten Angehörigen jenes fahrenden Volkes übel mitgespielt worden war. Doch nicht alle wurden derart gedemütigt. Der aus Cornwall konnte sich im Kreise seiner Verwandten stets behaupten. Man könnte ihn zu den vorbildlichen Schirmen zählen. Sein klobiger Knauf hörte auf den Spitznamen »John Bull«. In der Vorstellung eines politischen Geistes mochte sein ausladender Schatten einen ganzen Wahlkreis Cornwalls bedecken. Ein Vertreter seiner Art, jedoch zeichnete ihn, im Gegensatz zu so vielen anderen, aus, dass er sich, wenn seine Aufgabe des Schattenspendens, der so viele von uns Dank schuldeten, getan war, stets in der Obhut seines Besitzers wiederfand. Möge dieser beispielhafte Schirm in Würde altern, während andere nun im welken, gelben Blatte liegen!

Wir schlossen die zerschossenen Schirme und drehten dem Schlachtfeld den Rücken, um beim Anblick eines bunten Teppichs aus verschiedenartigen Alpenblumen in ekstatische Begeisterung zu verfallen. Das königliche Purpur des Enzians kontrastierte auf das Schönste mit den zarten Blütenblättern der weißen Anemone. Blaue und weiße Vergissmeinnichte wuchsen so reichlich, dass der Bedarf aller ihrer glücklichen

Liebhaber befriedigt werden konnte. Wir pflückten von ihrer Schönheit und beklagten, nur so wenige bewahren zu können und dass sie, wenn getrocknet, nur einen blassen Widerschein ihrer natürlichen Leuchtkraft würden geben können. Und als wir nun unseren höchsten Punkt auf der Gemmi erreichten – gut 2100 Meter, die höchste Höhe, die bis dato vom Junior United Alpine Club bezwungen worden war –, wirkte die Stadt Leukerbad, 600 Meter unter uns, nur noch wie eine Ansammlung von Pilzen, und in der Ferne bot sich der für uns einzige Blick auf die gewaltigen Gipfel des Monte-Rosa-Massivs, das Weißhorn, das Matterhorn und die Dent Blanche »in des Winters eisige Rüstung gekleidet«. Dann begannen wir den Abstieg über den Maultierpfad, der am freudlosen Daubensee entlangführt, »treffendes Sinnbild von Unrast, Trübsinn und Kummer«. Dieser See mit seinem dunklen Wasser wird ausschließlich von Schmelzwasser gespeist und von »dürren, nackten Kalksteinwänden eingefasst, die selbst für die zähesten Flechten zu karg sind«. Das herrschende universelle Graubraun wird nur von den Schneemassen des Wildstrubel zur Rechten gebrochen. Weder Vogel noch Insekt scheinen die Furchen und Spalte dieser verlassenen Gegend zu bevölkern. Es war wahrlich eine Erleichterung, in der Ferne das einsame »Gasthaus Schwarenbach« und Zeichen menschlichen Lebens zu erblicken. An diesem kleinen Gasthaus machten wir halt und nahmen eine mittägliche Brotzeit ein. Anderegg Melchior war der erste Bergführer, der 1856 den Altels bestieg, um Mr Hinchlifie von jenem anderen Alpine Club zu begleiten. Er lebt in diesem Chalet, und hier bietet er seine geschnitzten Kuriositäten und Wildblumen zum Kauf an. Rechts des Weges, der vom »Schwarenbach« nach Kandersteg führt, steigen die

Berge auf eine Höhe von 1670 Metern an. Auf einem Felsüberhang steht ein mächtiger Gletscher, der sich, da er keine Bahn hat, in die er fließen könnte, zu einer ungeheuren Masse auftürmt, die einmal in hundert Jahren das Gleichgewicht verliert und donnernd zu Tal geht. Seit dem letzten Niedergang sind 67 Jahre vergangen.

Nach einer Stunde Wanderung standen wir vor einem gewaltigen Spalt mit 1800 Meter hohen Wänden am Rande des Gasterntals. Es ist ein Glück, dass keines der Clubmitglieder, denen angesichts solcher Höhen schwindelig geworden war, in den Abgrund stürzte, wobei sich unsere Sicherheit ganz gewiss nicht der Übersicht der »geborenen Beschützer« verdankte, die, so schien es, in ein Gespräch über Einkommensteuer vertieft waren.

Dem Beirat des J. U. Alpine Club liegt es fern, sich in ungebührlicher Weise über die Rückständigkeit anderer Vereine bei der Anpassung an die jüngsten Neuerungen in der Kunst des Reisens zu mokieren. Und doch ist es amüsant, wenn Mr Ball, ehemals Vorsitzender des Londoner Alpenclubs, in seinem Reiseführer schreibt: »Knickerbocker sind der gewöhnlichen Hose zweifelsohne vorzuziehen, und doch werden die meisten abwarten, bis sie eine größere Bekanntheit erreicht haben, ehe sie sie auf einer Reise nach Europa tragen werden.« Während diese Worte daheim in England niedergeschrieben wurden, setzten einige Mitglieder unseres Clubs, das sogenannte Raffinement der modernen Zivilisation verachtend, in die Tat um, was dort so schüchtern angedeutet wurde. Wieder einmal waren die Jüngeren hierbei die Vorreiter. Unser Abstieg nach Kandersteg war steil und schnell, eine Treppe für Riesen! Blumen blühten, und Gras wuchs in wildem Überfluss zwischen dem von Moos und Efeu überwucherten Kalkstein, neben uns plätscherte und rauschte und spielte die Kander in Variationen, für die auch die Vokabeln aus Southeys *Lodore* nicht ausgereicht hätten.[12]

Die erste menschliche Behausung, die wir erreichten, war das »Hôtel de L'Ours«, wo eine hübsche Wirtin und ein Hausmädchen aus der Tür traten, uns zu begrüßen. Der Wirt, der gutes Englisch sprach, war nach einem Unfall im Winter, als ein furchtbarer Sturm das Hoteldach abgedeckt hatte, ans Haus gebunden.

Wir beschlossen, hier die Nacht zu verbringen, statt noch einige Kilometer weiter nach Frutigen zu wandern. Wir bestellten Abendessen und warteten, bis der Fisch für unseren Verzehr aus dem Strom geangelt war. Die gute Wirtin tat ihr Bestes, einen stilvollen *table d'hôte* zu schaffen, und servierte, um mehr Gänge auf den Tisch zu bringen, als Erstes Bratenscheiben und danach saubere Teller und den Braten selbst! Nach dem Abendessen machten wir uns auf, um einen Wasserfall in fünf Minuten Entfernung vom Gasthaus zu besichtigen. Er lag hinter einem turmhohen Felsen versteckt. Das Wasser rauschte mit ohrenbetäubendem Donnern auf die gewaltigen Felsbrocken herab, oder, um es ganz korrekt mit Lindley Murray zu sagen: *hurly-burly*, *helter-skelter*, *pell-mell.*[13]

Dort blieben wir, bis wir in der Abenddämmerung kaum den Weg zurückfanden und »der volle Mond reglos über dem Tal hing«. Drinnen schrieben wir Briefe, verfassten Journaleinträge, »brauten« Geschichten zusammen etc. pp. Der Mangel an leiblichen Genüssen in dem Hotel sollte vom »Fest der Vernunft und vom freien Fluss der Seele« wettgemacht werden, und in der überdrehten Verfassung der Runde genügte schon der schwächste Versuch, um stürmischen Beifall auszulösen.

Nachdem der gemeinsame Vorrat an Ratespielen aufgebraucht war, stiegen wir zu unseren holzvertäfelten Zimmern hinauf, gerade rechtzeitig, um zu verhindern, dass die Decke über dem Treppenabsatz von der Lampe in Brand gesetzt wurde. Wir hatten das Gefühl, uns im oberen Stock einer Zimmerwerkstatt schlafen zu legen – das Hotel wurde gerade umgebaut, ein weiteres Stockwerk hinzugefügt und das Dach abgedeckt. Die meisten von uns schliefen an diesem entlegenen Ort, wie wir es gewohnt waren, tief und fest, nur Miss Sarahs ansonsten ruhiger Schlaf wurde in dieser Nacht vom Geräusch trappelnder Füße und Stimmen im neuen Dach über uns gestört. In ihrer blühenden Fantasie, die nicht der Hilfe Werners bedurfte, glaubte sie, es stünde eine Tragödie bevor, die dem »Hôtel de L'Ours« und uns selbst zu lebenslanger Berühmtheit verhelfen würde. Doch in Gedanken an den bevorstehenden Ruhm schlief Miss Sarah ein, und jene aufsehenerregende Geschichte, die die nächsten Ausgaben des *Murray* und des *Baedeker* hätte bereichern sollen, trug sich nur in ihren Träumen zu. Später erfuhren wir, dass die Geräusche aus dem Reich des Unsichtbaren dem späten Eintreffen mehrerer Touristen geschuldet waren, die mit einem Lager zwischen Dachsparren und Holzspänen vorliebnahmen – es war ebenjene Gruppe, die von dem gesprächigen Herrn angeführt wurde, der uns zu verfolgen schien, der unsere Ohren schon auf dem Kanal belästigt und uns im Chamonixtal überholt hatte.

Wie schade ist es doch um das »Hôtel de L'Ours«! – einige Zeit nach uns passierten ein paar Freunde seine verkohlten Überreste und berichten uns von seiner völligen Zerstörung.

DAS BERNER OBERLAND

Sonnenaufgang auf der Rigi

Samstag, 4. Juli 1863
Der Staubbach

Aus den Betten um vier Uhr dreißig – das Frühstück schnell hinter uns gebracht, und schon saßen wir in einer klapperigen alten Kutsche, die von zwei struppigen Pferden gezogen wurde, um in Spiez am Thunersee das Dampfboot zu erreichen. Die Abfahrt nach Frutigen war sehr steil. Die Chalets am Wege waren von höherem Anspruch als alle, die wir bisher gesehen hatten, die Gärten ansprechender, und an einem neuen Hotel mit geschmackvoll angelegtem Gelände zeigte sich einiger Unternehmergeist – aber war das nicht leicht zu erklären? Wir befanden uns in einem protestantischen Kanton. Unsere Route büßte nichts an Schönheit ein, auch wenn wir Kiental und die dreifach gekrönte Blüemlisalp hinter uns ließen. Wir fuhren am Fuße des Niesen und des Stockhorn [*sic*] entlang, vorbei an der Einfahrt zum reizvollen Simmental. Schon bald hielten wir auf das Schloss Spiez zu, das so malerisch am Fuße des Niesen liegt. In einem Ruderboot wurden wir über die grünen Wasser des Thunersees dem Dampfschiff entgegengebracht, das schon bald in Sicht kam. Die Landschaft, an der wir auf der halbstündigen Fahrt vorüberglitten, muss man selbst gesehen haben, um sich ein Bild machen zu können. Wir fuhren an einem Panorama von großer Schönheit vorbei. Wir bedauerten nur, dass die knappe Zeit es uns nicht erlaubte, hinauf bis nach Thun zu fahren, um den gefeierten Ausblick vom Kirchhof aus zu genießen.

Wir landeten in Neuhaus an, einem auf der Landenge zwischen Thun und Brienz erbauten Dorf, von wo aus wir eine Kutsche nach Lauterbrunnen und zum Staubbach nahmen.

Vielleicht drei Kilometer hinter Interlaken wurden wir urplötzlich von einem fürchterlichen Gewitter eingeholt. Unsere verängstigten Pferde scheuten und schoben die Kutsche rückwärts dicht vor das Ladengeschäft eines liebenswürdigen *cordonniers* (wobei allerdings die Achse zu Bruch ging), der hinausgeeilt kam, um uns beim Aussteigen behilflich zu sein. Er schickte seinen Jungen, um bei den Nachbarn Stühle für uns zu holen.

Wir warteten in dem Schweizer Schustergeschäft, bis das Gewitter nachließ, was ob seiner Heftigkeit schnell der Fall war.

Nun führte uns die Route durch Weideland, in dem Burg Unspunnen »steht gleich einem gewappneten Wächter an der Pforte des bezauberten Landes«,[14] mit quadratischem Turm und Rondellen. Fünf Kilometer weiter fuhren wir in das Lauterbrunnental, von dem es in einem jüngeren Werk heißt: »Kein Tal ist diesem zu vergleichen, die Felswand, der Wasserfall, die einsame Hütte, der Jägerfels, die ewigen Alpen und das feine Dekor von Gras und Baum sind hier von mächtiger Hand gestreut.« Wir überquerten die weiße Lütschine und befanden uns am Fuße einer massigen Felswand namens Hunnenfluh.

Vor uns erhob sich der gewaltige Dom der Jungfrau, »der unberührten Königin des Oberlandes«, deren schneeweißer Faltenwurf in starkem Kontrast zu dem Grün weiter unten stand.

Am Capricorn überraschte uns der dritte von nur vier Regenfällen auf der gesamten dreiwöchigen Reise. Aber wir befanden uns buchstäblich im Tal zwischen den Bergen und konnten uns daher nicht beschweren.

Nach unserem aus sieben Gängen bestehenden Mittagsmahl machten wir uns auf zum Staubbachfall, »einem der berühmtesten Wasserfälle der Schweiz«, wie Wordsworth schrieb: »Dieser kühne, dieser helle, dieser himmelsgeborene Wasserfall!« Schaut man an der 297 Meter hohen Felswand empor und sieht nichts als Wolken über sich, spürt man die Kraft dieser Analogie. Er unterscheidet sich seinem Wesen nach von vielen anderen Wasserfällen, ist er doch ein einziger senkrechter Strom, der sich durch die Bewegung der Luft und die Reibung am Felsen elegant zu einem fächerförmigen Schleier von zephyrartigem Fall aufspannt, der im Sonnenlicht bebt und glitzert.

Ein Stück weiter stürzt noch ein weiterer Wasserfall ins Tal, die Kammerzofe dieser Königin der Wasserfälle, des Staubbachs. »Und wie ein Rauch der sinkt, so troff der Fall, den Fels hinab, als ob er fiel und hielt und fiel.« Und noch weiter handeln die Zeilen der *Lotus-Esser* vom Lauterbrunnental: »Ein Land der Flüsse! Der wie Rauch der sinkt, ein feiner Schleier der sich sachte senkt; Der dringt durch wabernd Licht und Schatten vor, Und wälzt von Schaum ein schläfrig Laken mit.«[15]

Der Weg vom Wasserfall zum Gasthaus war von Ladengeschäften mit Holzschnitzereien und jugendlichen Bettlern gesäumt, die eine Blume oder einen Kieselstein zum Kauf anboten. Von diesen schreibt La Trobe: »Sie belagern noch den abgelegenen Pfad in einer langen Reihe den Berg hinauf bis in beträchtliche Höhen, wie Schrotkörner, die nur darauf warten, dass der Reisende sich nähert, um zu explodieren.«[16]

In Interlaken hieß uns heller Sonnenschein willkommen. Dort nahmen wir Quartier im »Hôtel du Lac« am Ufer des Brienzersees.

Die Damen, nun wieder im Besitz der lang vermissten Koffer, blendeten uns mit fast vergessener Eleganz, als wir vor dem Kursaal flanierten und die vielen Hotels bewunderten, die zu den hervorstechendsten Merkmalen der Stadt gehören. Vor den Hotels verläuft eine prächtige Allee aus Walnussbäumen.

An diesem Abend bummelten wir umher, bis über den Walnussbäumen die Sterne hervortraten und die »schöne Lady Luna« aufging, um die reizende Szene zu schmücken. Es war schon spät, bis wir unsere müden Füße dazu bringen konnten, die Walnussallee und das Panorama der Jungfrau gegen die komfortablen Zimmer des »Hôtel du Lac« mit den überaus sauberen und von Vorhängen abgetrennten kleinen Bettnischen einzutauschen.

Sonntag, 5. Juli 1863
Interlaken

Am Morgen des 5. Juli, einem Sonntag, drang von vor und hinter dem Hotel der unsonntäglichste Lärm an unsere Ohren: das dumpfe, schwere Kullern der Holzkugel, die umfallenden Kegel und die angeregten Stimmen der Schweizer Müßiggänger vor unserem Fenster, während auf dem See ein Paketboot unter Dampf ging, um zum Giessbach zu fahren. In Interlaken, wie auch an anderen Orten auf dem Kontinent, wird der Sonntag offenbar wie ein wöchentlicher Urlaubstag betrachtet, an dem sich alle Vergnügungswilligen ihren Betätigungen widmen. Um elf Uhr ging die Mehrzahl der Clubmitglieder, genauer gesagt, alle, die nicht von einem Zustand »sonniger Schläfrigkeit« übermannt worden waren, in die Kirche.

Die Predigt war recht gut, auch wenn die Doktrin ein wenig zu sehr in Harmonie zur menschlichen Natur stand, um den Zuhörer zu strenger Selbstprüfung anregen zu können. Es war wie Religion auf silbernen Pantoffeln. Die Stimme des Geistlichen klingt uns noch immer in den Ohren, wie er von den Segnungen auch einer *kleinen* Gnade, »a *little* grace«, erzählte – »ein Funken Feuer ist auch Feuer« usw. Fortan sprachen wir von ihm nur noch als »Reverend Littlegrace«. Englische Gottesdienste haben einen ganz eigenen Charme, der einem klugen Reisenden nicht entgehen wird. Wie wohltuend ist es nach mehreren Tagen unter Fremden, wieder Landsleuten zu begegnen und sich ihnen in der vertrauten Sprache der Heimat im Gebet für das geliebte England anzuschließen. Später am Tag spazierten wir über die gedeckte Brücke zu dem in Ruinen liegenden Turm von Burg Ringgenberg.

Als wir durch das grüne Gras zu ihm aufstiegen, wurden wir von Kindern umringt, die uns ein oder zwei hübsche Lieder sangen.

Nach dem Abendessen liefen wir zum Ufer der Aare hinunter und ließen uns von der Schönheit der untergehenden Sonne verzaubern, die ihre zarten Rosétöne auf die weißen Wangen der erhabenen Jungfrau warf.

In der alten Stadt Unterseen besuchten wir den Friedhof der lutherischen Kirche, wo die Gräber auf die gleiche Weise markiert sind wie in einem englischen Garten die Büsche: mit einem schwarzen Holzpflock, der den Namen des Entschlafenen trägt.

Als wir am Walnusshain und der Kirche vorbeiliefen, erwähnte jemand das Kloster und weckte damit ein Verlangen in uns, dem nicht zu widerstehen war: Wir mussten zu dieser Dämmerstunde über das Gelände wandern und die Schlafzelle des Romanhelden[17] in Interlaken besichtigen. Und so traten wir durch den gewölbten Torweg, tasteten uns wie Paul Flemming durch den gotischen Korridor und erklommen die Stufen des Rundturms.

Auf dem ersten Absatz traten wir auf einen großen dreieckigen hölzernen Balkon, der in einen Garten und auf die Apsis der Kirche mit ihren Strebepfeilern schaute. Dort blieben wir eine Weile, betrachteten die Spitzbogenfenster und die Kalksteinfriese und hätten vielleicht noch länger vor uns hingeträumt, hätte nicht ein Dienstmädchen mit einer Kerze in der Hand die Tür aufgestoßen – genau wie es Paul Flemming erlebt hatte. Frage: War es dasselbe Dienstmädchen? Und suchte sie den Hausherrn mit den »großen hervorstehenden Augen und dem grünen Rock«, der ihr einen neuen Gast für das holzgetäfelte Zimmer mit »der Aussicht nach der Südseite des Lauterbrunnenthals« bringen wollte?

Nein, wir waren doch zu viele für ihr holzgetäfeltes Zimmer, und unser unzeitlicher Besuch erfüllte sie eher mit Furcht denn mit Freude. Und so verließen wir den von der Zeit gezeichneten Balkon, um die Besichtigung mit einem Aufstieg hinauf in das »Löschhütchen« abzurunden. Doch das Getrappel von 14 Füßen weckte zwar nicht die Eulen, dafür aber den Amtmann, der dort oben wohnte. Er öffnete seine Tür, Kerze in der Hand, mit der er uns in Augenschein zu nehmen gedachte, und verlangte zu wissen, was wir hier zu suchen hätten. Doch er war kein Mann mit Romantik im Herzen; vermutlich hatte er, die arme Seele, nicht den *Hyperion* gelesen und konnte so nicht gefühlsmäßig erfassen, warum sieben Mitglieder des Junior United Alpine Club zu dieser nächtlichen Stunde seinen Turm erklimmen sollten. Er glaubte, wir suchten unser Hotel, aber es war nicht unseres, sondern das des H. W. Longfellow, das wir zu inspizieren wünschten. Und so verließen wir den Amtmann – dessen Anblick wir nicht vergessen werden, wie er, ein dürrer kleiner Mann mit weißer Weste und braunem Hut, mit der Hand die Kerzenflamme schützend, dastand – und traten eilig den Rückzug an, lachend über die Widrigkeiten für Dienstmädchen, Amtmann und uns selbst.

Montag, 6. Juli 1863
Die Wengernalp

Im »Hôtel du Lac« regte sich um vier Uhr in der Früh bei den *voyageurs* Geschäftigkeit. Um halb fünf fand die tägliche Vernichtung von Brot, Brötchen und Honig statt. Einmal mehr vertrauten wir unser Gepäck der Post an, die es nach Neuchâtel befördern sollte, und um halb sechs rollten wir in unserer offenen Kutsche davon. Als wir Interlaken verließen, stiegen Longfellows Abschiedsgedanken in unseren Herzen auf: »Die Sonne des Lebens wird untergehen, eh' ich dich vergesse.«

Ein freundliches Wort zum »Hôtel du Lac«. Zufällig aus der Liste im *Baedeker*-Reiseführer ausgewählt, hatten wir es dem berühmten »Jungfrau« und auch dem »Belvedere« vorgezogen und fanden keinen Anlass, diese Entscheidung zu bereuen.

An diesem Tag wollten wir die Wengernalp überqueren. Unsere Route führte uns durch das Lauterbrunnental, das wieder einmal ganz Liebreiz war, sein Grün mit schwerem Tau beladen und übersät von durchsichtigen Kristallen, die in der Sonne diamantene Prismen und im Schatten ein Perlenteppich waren. Die düstere Burg Unspunnen konnte an diesem Morgen einen gut gelaunten Blick über ihre blumenbedeckten Wiesen werfen. Sie ließ uns an andere Morgenstunden und andere Müßiggänger auf ihrem grünen Grund denken – zum Beispiel an Mary Ashburton, die seine Ruinen zeichnete, während Paul Flemming, zu ihren Füßen sitzend, die Legende vom armen Studenten Hieronymus und seiner Liebe zur schönen Hermione ersann.

Wir freuten uns, noch einmal durch das an Quellen reiche und von Felsen beschattete Tal zu fahren, um einen noch tieferen Eindruck von der Anmut der einen und der Erhabenheit der anderen zu erhalten. In Lauterbrunnen entließen wir die Kutsche, um uns zur Fortbewegung von nun an nur noch auf unsere Füße und den Alpenstock zu verlassen.

Mit unseren Ranzen bewaffnet, brachen wir auf und erteilten den horrenden Forderungen eines ganzen Schwarms von Bergführern eine Abfuhr, sodass sie angesichts unserer Unabhängigkeit ihre Preise senkten. Einer ging uns nach und wurde so Bergführer und Träger in einem. Geschickt schnürte er unsere gesamte Habschaft auf eine Art Holzstuhl, den er auf die Schultern nahm.

Wir verneigten uns in Richtung des Staubbachs, und nachdem wir den Fluss überquert hatten, begann die übliche Quälerei die Serpentinen hinauf, von deren höchstem Punkt, schreibt ein Autor, »das Lauterbrunnental daliegt wie ein schmaler Graben, der Staubbach nur noch ein schmales Band ist und man von oben auf seine oberen Fälle und die letzten Windungen vor seinem abschließenden Sturz hinabschaut«.[18]

Auf der grünen Wiese hatten ein Mann und ein paar Jungen mit einem Alphorn Aufstellung genommen. Dabei handelt es sich um ein eineinhalb bis zwei Meter langes Holzrohr, das mit gespaltenen Weidenruten umwickelt wird. Der Mann stützte es auf einen keilförmigen hohlen Trog und blies hinein, als wir uns näherten. Er musste lange geübt haben, um einem so unmusikalisch aussehenden Instrument derart weiche, volle Töne entlocken zu können. Die Noten erstarben in den zartesten Kadenzen, wurden von den Bergen aufgefangen und wieder und wieder von ihnen zurückgeworfen. Uns blieb kaum ein Augenblick, ihre Schönheit zu loben, als die Berge ihr Echo in schwächerer Weise zurückwarfen, wieder eine Pause, und wir hörten ihre Schwingungen noch immer zwischen den Felsen verweilen, bis sie mit einem musikalischen Seufzen verklangen.

Nachdem die letzten Steigungen des Berges erklommen waren, blieben wir stehen, um den weiten Blick zu genießen. Zur Linken hatten wir die Jungfrau und ihre Trabanten, in Schnee gekleidet, zur Rechten Interlaken, das in der Sonne döste, Burg Unspunnen mit Berg, den Thuner- und den Brienzersee sowie die Landenge zwischen ihnen, die von oben nur mehr wie ein schmales Band aussah. In noch weiterer Ferne erhoben sich der Niesen und viele andere Berge, deren Namen wir nicht kannten. Eine halbstündige Wanderung brachte uns auf die

Wengernalp, der gegenüber sich in militärischer Aufstellung der spitze Eiger, der kapuzentragende Mönch, die strahlende Jungfrau, das Silberhorn und das Schreckhorn erhoben, welches zu Recht als »Kaiserin des Tals« bezeichnet wird. Longfellow nennt sie »die Apostel der Natur, die durch Lawinen predigen«. Wir hatten kaum in einem schattigen Winkel unter dem Vordach des Gasthauses Platz genommen, als ein Alarm ertönte und von einem Felsvorsprung auf der Jungfrau eine Schneewechte abging und auf ihrem Weg nach unten weitere Betten losen Schnees mit sich riss, bis sie eine der gewohnten Furchen erreichte. Sie donnerte hinab wie ein Wasserfall und warf sich wütend auf den Felswall unterhalb. Über die hoch gelegene Weide spazierten wir durch Herden von vier- bis fünftausend Kühen, ausgesprochen glücklichen Kühen noch dazu, wie jene im Wallis mit Halsband und Glocke geschmückt.

Vom Pass der Alp in 2040 Meter Höhe über dem Meeresspiegel bot sich uns ein grandioser Blick, der zusätzlich zu den zuvor genannten Bergen auch das Wetterhorn und das kleinere Lauberhorn miteinschloss. Ruskin, für den die Schweizer Alpengipfel wie »Kinder auf einer großen Tischplatte« sitzen, beschreibt die majestätischsten Eindrücke, die sich ergeben, wenn »einer der großen Gipfel an den Rand der Tischplatte herantritt, um hinunterzublicken und sich so in seiner ganzen Höhe über dem Tal plötzlich zu zeigen. Letzteres ist der Fall beim Wetterhorn und Eiger bei Grindelwald.«

Unmittelbar vor uns lag ein wahres Tal der Verzweiflung, die gebrochenen Äste und ausgeblichenen Stämme waren nur noch eine höhnische Erinnerung an die einstmals hier wachsenden Bäume. Byron und andere halten Lawinen verantwortlich für diese Zerstörung, aber die Entfernung zu den Bergen lässt diese Vermutung wenig überzeugend erscheinen.

Wir schauten den langen, sanften Abhang nach Grindelwald hinunter und wurden, wie schon im Rhônetal, getäuscht: Wir glaubten, der Abstieg nach Grindelwald werde höchstens eine Stunde dauern; und waren wir nicht überrascht, als ein, zwei, drei Stunden vergingen, bevor wir unser Ziel erreichten? Der Pfad war uneben und steinig und stellenweise steil; aber wir hüpften wie Ziegen über die Steine, sprangen über Felsspalten und legten ein famoses Tempo vor. Unser affektierter Freund, der vornehme Engländer, erledigte den Abstieg in der gleichen hurtigen Weise. »Schweizer Frohsinn«, rief er, als er uns überholte. Wir staunten nicht schlecht, dass der Herr so viel Schwung in den Knochen hatte, und schätzten ihn daher in Bewegung sehr viel mehr als in Ruhe, wie auf dem Sofa am Capricorn gesehen. Er hatte die Rigi »hinter sich gebracht« und »scheußliches Wetter« gehabt und wollte auch noch das Faulhorn gegenüber »machen«. Der »Adler«, unser Hotel, befand sich am oberen Ende des lang gestreckten Dorfes Grindelwald, und auf dem Weg dorthin wurden wir sehr müde. Ein paar von uns waren vorausgeeilt und wurden zu ihrer Überraschung am Eingang des Hotels von Mathilde, dem Herrn Vater und seiner Frau begrüßt. Dieses Wiedersehen in einem fremden Land war eine Freude, die uns alle neu belebte, auch wenn wir hier von Bekannten begrüßt wurden, denen wir erst ein einziges Mal begegnet waren. Nach dem Abendessen erhielt Mathilde die Erlaubnis, uns auf einen Spaziergang zu begleiten, allerdings ohne den Professor, der sich seiner vorbildlichen Art entsprechend in Selbstverleugnung übte, indem er im Hotel blieb, um den Freunden in der Heimat Briefe zu schreiben. Wir besichtigten den Friedhof und lasen den Grabstein des Pastors Mouron von Vevey, der sich bei seinen wissenschaftlichen Feldforschungen auf dem Gletscher im Jahre 1821 auf seinen Alpenstock stützte, als dieser brach und der Pastor 200 Meter tief in einen Spalt stürzte. Die beiden Grindelwaldgletscher, der Obere und der Untere genannt, sind ganz außergewöhnliche Schöpfungen, wie sie zwischen dem senkrechten Wetterhorn und dem Mättenberg talwärts fließen. Es war zu spät, und wir waren zu müde, die beiden noch an diesem Abend zu erkunden, und so schlenderten wir im Dämmerlicht über das Anwesen des Hotels, bis die rosigen Lippen der Sonne die blassen Lippen ihres schönen Rivalen küssten und ihre Strahlen, zu einer glücklichen Einheit verschmolzen, die Heiterkeit dieses von den Bergen überschatteten Tals erhellten. Oh, wie herrlich ist die Erinnerung an diese Nacht! Nur zögernd gingen wir ins Haus, um zu schlafen; zu gern hätten wir mit dem schneebedeckten Eiger und dem eisgegürteten Mättenberg Wache gestanden und zugesehen, wie auf dem königlichen Wetterhorn die tiefen Schatten breiter wurden und er in unerschütterlicher Erhabenheit seinen granitenen Kopf über das friedliche Tal senkte.

Doch der despotische Somnus untersagte derlei Späße und jagte uns aus der Landschaft und der Gesellschaft fort. Miss Mary allerdings zog sich in Mathildes Zimmer zurück, wo weitere Vertraulichkeiten ausgetauscht wurden und die Unterhaltung zutage förderte, dass unsere deutsche Touristin eine Tochter Israels war – eine Jüdin!

In der Rückschau auf diese Reise waren es die zu Fuß oder an der Seite der Maultiere verbrachten Tage, die die größte Zufriedenheit schenkten. Sie führten uns fort vom Leben in der

Stadt, mitten hinein in die großartigen Wunder der Natur, sodass die Gebräuche der Welt sehr fern zu sein schienen. Da wir vom Wetter verwöhnt wurden und unsere Gesellschaft aus »der vollkommenen Zahl – sieben« bestand, gab es Abwechslung genug, um keinen Überdruss aufkommen zu lassen und doch die Unannehmlichkeiten der Menge zu meiden, es gab gemeinsame Interessen, die uns verbanden, und doch genügend unterschiedliche Auffassungen, um in einem jeden das Gute ans Licht zu bringen. Unser Leben brauchte nicht mehr Romantik als die, die durch die vollkommene Freiheit gewährt wurde, welche wir genossen. Es war eine gänzliche Abwechslung, die üblichen Routinen des Lebens waren nicht vorhanden. Alle Erinnerung an Zeit und Saison verblasste, und wir lebten nur im Glück des Augenblicks. Wir alle spürten, dass die Erinnerung an diese heiteren Tage ein kostbarer Besitz war, der uns für den Rest unseres Lebens begleiten würde.

Professor Tyndall hat für die Auswirkungen einer ähnlichen Exkursion passende Worte gefunden: »Es war nicht die Vortrefflichkeit der Unterhaltung noch irgendein hohes, geistiges Interesse, das unseren Versammlungen ihren Reiz verlieh; die Fröhlichkeit entsprang naturgemäß unserer Gesundheit und unserer eigenthümlichen Lage. In jeder Faser schienen geheime Freuden aufgespeichert zu sein, und es bedurfte nur des geringsten Anstoßes, um aus ihnen bewusste Handlungen auszulösen.«[19]

Dienstag, 7. Juli 1863
Grindelwald

Mr W. W. und Mr James standen früh auf und liefen zum oberen Gletscher hinauf und durch die Eisgrotte, einen siebzig bis achtzig Meter langen ins Eis gehauenen Tunnel, durch den das Licht fällt und die transparenten Farben des Eises in allerschönster Weise hervorbringt. Nach dem Frühstück begaben wir uns erneut in die Obhut eines Bergführers, von dessen deutscher Sprache wir wenig verstanden, der sich aber dennoch gut um die Damen zu kümmern wusste, als sie den unteren und größeren (er erstreckt sich über 300 Quadratkilometer) Gletscher erkundeten. Die erste Stunde stiegen wir durch Heufelder und vereinzelte Tannenpflanzungen auf, dann nahmen wir einen schmalen Pfad, der in die Wand des Mättenbergs gehauen war. Die heiße Sonne zeigte keine Gnade und tat ihr Bestes, uns zerschmelzen zu lassen, wenn sie schon den Gletscher nicht bezwingen konnte. Die Gletscheroberfläche war weniger in Formen und Spitzen zerbrochen als das Mer de Glace, dafür mehr von Spalten durchzogen. Auf ihn hinabschauend, konnten wir dort unten einen Wanderer ausmachen, der sich in den Labyrinthen offenbar verlaufen hatte. Unser Führer rief ihm zu, sich in der Mitte des Gletschers zu halten, und schickte einen Kollegen zu seiner Rettung. Wir schauten oft nach dem Abenteurer und sahen ihn schließlich zusammen mit dem Bergführer, sie schienen nicht größer als zwei Ameisen, die am Fuße des Eiger hinaufkrabbelten. Unser Weg, der von Pfählen aus Tannenholz gestützt wurde, führte uns nun über einen Abgrund – ein Fehltritt, und alles wäre vorbei. Ausgedörrt und erschöpft, freuten wir uns, unter dem Wandüberhang eine tropfende Quelle und ein Felsenbecken mit dem klarsten Wasser zu entdecken! Wieder war Mr Toms Trinkschlauch der Pokal, der fröhlich ein ums andere Mal die Runde machte. Dieser Lederschlauch verdient einen Lobgesang. Wahrhaftig, diese kleine Pause zählt ganz gewiss zu unseren erfrischendsten und schönsten Erinnerungen.

Kurz darauf gelangten wir zu einer Stelle, an der gebührende Vorkehrungen für den Abstieg auf den Gletscher getroffen worden waren – namentlich zwei Planken aus Tannenholz mit Querstreben, die als Stufen dienen, auf denen der Wanderer, ungeachtet des unter ihm gähnenden Abgrunds, fröhlich hinabsteigen soll. Sicher, es gibt einen Handlauf, der aber im Vergleich zu seiner imposanten Umgebung eher wie ein Schwefelhölzchen denn wie ein Geländer wirkt. Später erfuhren wir, dass dieser Handlauf mehr als Führung für das Auge als für die Hand gedacht war. In jedem Falle war es nur eine Bergleiter, und hier bot sich für die Clubmitglieder und verwandte Reisende eine vorzügliche Gelegenheit, ihren Mut und ihr Können unter Beweis zu stellen. Dennoch hielten es einige der Damen für besser, die Schönheit des Gletschers aus der Ferne zu bewundern, statt traurige Berühmtheit zu erlangen wie Monsieur Mouron. Unsere Herren und der Bergführer unternahmen einen überaus wagemutigen Streifzug zwischen den Gletscherspalten und entdeckten einen Fluss, mehrere Sturzbäche und Höhlen im Eis, wobei das größte Wunder unserer Auffassung nach ihr sicherer Auf- und Abstieg auf dieser Gletscherhühnerleiter war.

Während unserer Rast auf der Hütte lief ein strammes Mitglied jenes anderen Alpine Club im Kletterkostüm an uns vorüber, *en route* zur Jungfrau. Er wurde von zwei Bergführern begleitet, die seinen Proviant, Reisigbündel, Decken und allerlei Gerätschaften für eine Nacht im Schnee trugen.

Beim Abstieg begegneten wir einer lebenslustigen Truppe bestehend aus Papa, zwei kecken Töchtern, Freund und Großvater, die die Dienste unseres Bergführers erbaten, um ihrem eigenen dabei zu helfen, Großvater zurück ins Tal zu bringen. Er hatte, wie sie erklärten, bereits einmal einen Schlaganfall erlitten und war auf dem Weg unsicher geworden. Für manch einen mochte der Umstand, dass er auf dieser gefährlichen Route so weit gekommen war, ohne einen Schlag zu bekommen, Beweis genug sein, dass keine derartige Schwäche bestand. Dessen ungeachtet ist es jedoch unsere Pflicht, unsere Mitmenschen vor allen echten und imaginierten Hirnschlägen zu bewahren, auch wenn sie weniger freundlich wären als »Großvater«, und so gaben wir unseren Führer nach einer kurzen Beratschlagung frei.

Nach unserer Rückkehr erfreuten wir uns am Ausschank an der Kühle des großen Restaurants, und nachdem wir eine Erfrischung zu uns genommen hatten, fuhren wir mit der breiten Kutsche des Wirts nach Interlaken. Es war eine wunderschöne Fahrt, und wir kamen rechtzeitig vor Abfahrt des Dampfbootes nach Giessbach an, mit genug Luft für eine kurze hitzige Debatte mit dem *porteur*, der, vom Wirt angewiesen, einen überhöhten Preis forderte.

Es war ein lieblicher Nachmittag, und wir genossen die ruhige Fahrt über den See. Wir landeten am Steg unweit der Mündung der Giessbachfälle.

Diese bestehen aus einer Folge von Wasserkaskaden, die in mehreren Stufen vom Gipfel eines sehr hohen Berges hinabstürzen. Wenn auch weniger hoch als manch andere, übertreffen sie diese doch an Schönheit und durch die Zugabe eines dichten Tannenwaldes, durch den sie sich Bahn brechen. Der Giessbach gehört zu den schönsten Sturzbächen überhaupt und ist ungefähr 500 Meter hoch. Er hat nichts Wildes an sich, vielmehr wirkt er inmitten von grünen Hügeln und dunklen Wäldern wie aus einem Park.

Unter seinem dritten Fall kann man hindurchgehen, es gibt dort unterhalb des vorspringenden Felsens, von dem sich das Wasser stürzt, eine Brücke, von der aus man die Landschaft durch den Vorhang aus Wasser betrachten kann.

Jeder einzelne Sturz ist von ähnlicher Größe und Kraft wie Selwith oder Colwith Force in Westmoreland.

Unsere Anfrage nach Betten im großen und modernen Hotel war erfolglos, da alle 150 bereits vergeben waren. Aber man bot uns an, ein Chalet auf dem Hotelgelände zu beziehen, ohne dass wir fürchten müssten, von anderen Gästen gestört zu werden. Dieses Arrangement fügte sich so herrlich zu unseren Vorstellungen vom Reiz des Neuen und von Romantik, dass wir die Zimmer sofort in Beschlag nahmen, durch deren Fenstergitter sich der Wein wand und an deren geschnitzten Balkonen die Jungfernrebe rankte. Es war ein wahres Schweizer Elysium, jener Abend am Giessbach, und wir waren nur zu gern bereit, uns für diese wenigen Stunden der Täuschung hinzugeben, wahrhaftig die Eigentümer von Chalet, Anwesen und Wasserfall zu sein. Wir hatten sogar unser kleines Gretchen, das uns diskret aufwartete und das Abendbrot in dem großen holzgetäfelten Raum servierte, von dem alle Zimmer abgingen und von welchem man auf einen Balkon hinaustreten konnte, der genug Platz für Stühle und Tische bot, sodass man den freien Blick auf den Wasserfall genießen konnte. Aber auch alle Reize des Chalets konnten uns nicht dazu verführen, nach dem Souchong-Tee noch im Hause zu bleiben, und so stiegen wir die Balkontreppe hinab, um das Gelände zu erkunden und ein ums andere Mal über die Brücken zu laufen, die jeden Wasserfall überspannten.

Immer wieder traten wir in den dunklen Tannenwald und kletterten auf eine grasbewachsene Böschung, um einen Blick auf die Ruine Ringgenberg auf ihrem Felsen zu erhaschen, der seinen dunklen Mantel über den schimmernden See warf, welcher die goldenen Strahlen der untergehenden Sonne widerspiegelte wie Glas.

Der Besitzer von Hotel, Gelände und »dressiertem« Wasserfall möchte bei Nacht genauso wie bei Tag Gewinn aus seiner Primadonna schlagen. Und so wird sie gegen zehn Uhr abends in voller Abendgarderobe präsentiert, um vor ihren zahlreichen Bewunderern ihren Charme zu versprühen. Ja, um zehn Uhr läutete die Glocke und rief alle Anwesenden in die Halle. Eine Rakete wurde abgefeuert, und auf dieses Signal hin wurden alle sechs Fälle den Schatten der Abenddämmerung entrissen und von bunten Lichtern angestrahlt. Der untere Fall goss Rubine aus, der darüber Smaragde, darüber Amethyste, der Topas erklomm die nächste Stufe, und zum Abschluss ließ der Kristall seine Steine regnen. Dann kehrten sich die Farben um, die diese schöne Szene erhellten. Die bunten Lampen hinter den Bäumen hoben in effektvollem Kontrast zu den leuchtenden Wasserfällen deren dunkles Laubwerk und die Brücken hervor. Es war ein magischer Effekt, der in der Fantasie Bilder von arabischen Nächten und verwunschenen Höhlen heraufbeschwor, die sich, nachdem der Zauberspruch gesprochen, öffnen und für einen kurzen Moment einen Blick auf einen

Berg von Edelsteinen erlauben, dann eine Berührung mit dem Zauberstab, die Höhle schließt sich wieder, und alles liegt in dunklerer Dunkelheit da als zuvor.

Wir spazierten zu unserem Chalet zurück und saßen dort, bis der Gedanke an den nächsten frühen Morgen uns in unsere lustigen Zimmer trieb. Es war drollig, wie in einer Teekiste zu schlafen. Holz gab den Zenith, Holz den Nadir, und im Norden, Süden, Osten und Westen waren wir umgeben von Holz.

Mittwoch, 8. Juli 1863
Der Brünigpass

Um fünf Uhr wurden wir von der Sonne geweckt, die in unsere Holzkiste schien, und so »schüttelten wir die träge Faulheit ab« und waren schon bald wieder draußen. Wir erfuhren, dass das Boot um sechs und nicht um sieben ablegen würde, und so eilten wir zum Restaurant, um eine Tasse Kaffee und ein sieben Wochen altes Ei zu ergattern, und rannten, natürlich sehr zum Schade unserer Würde und voller Bedauern, diesen schönen Ort so bald verlassen zu müssen, hinunter zum Anleger. Wir wollten an diesem Tag den Brünigpass überqueren und auf der Rigi übernachten, und vor allem waren wir nun auf das öffentliche Beförderungsmittel, die Postkutsche, angewiesen, die uns zum Vierwaldstätter See bringen sollte.

Eine gute halbe Stunde fuhren wir wieder über den Brienzersee und stiegen am Anleger der gleichnamigen Stadt aus. Dort stand schon die schwerfällige Postkutsche bereit, eine Brougham-Clarence, Phaeton mit Verdeck und Postkutsche in einem, nicht ein »multum in parvo«, sondern ein Viel in viel. Nicht alle von uns bekamen einen Sitzplatz, und so wurde für die Übrigen eine Kutsche mit buntem Verdeck herangeholt. Für die nächsten eineinhalb Stunden wurde unser Ausblick von den schneebedeckten Gipfeln des Wetterhorn, des Eiger und anderer Berner Alpen eingerahmt, und unmittelbar vor ihnen und vor uns erhob sich das Faulhorn. Als wir höher stiegen, hatten wir einen wundervollen Blick auf das entzückende Haslital. Es war von hohen, steilen Bergen eingefasst, die eher wie gewaltige Mauern denn in Hängen aufstiegen.

Wir sahen viele Wasserfälle, darunter den berühmten Reichenbachfall, der in drei Stufen eine Höhe von 600 Metern überwindet und dann in die Aare fließt, die durchs Tal mäandert und sich schließlich in den Brienzersee ergießt.

Wir stiegen bis auf 1026 Meter Höhe auf, bevor die Abfahrt vom Kanton Bern in den Kanton Unterwalden begann. Diese Straße hat, wie ebenjene im Dalatal, den Schweizern den Ruf eingetragen, die besten Straßenbauer Europas zu sein. Sie ist breit und wird von Granitpfeilern gestützt, und einmal führt sie unter einem Felsvorsprung hindurch, der über die ganze Straße hinausragt.

Nun führte unser Weg am Ufer des Lungerer- und des Sarnersees entlang. Keiner von beiden kann sich eines besonderen Alpenpanoramas rühmen, sie sind friedlich und ansprechend, aber nicht großartig. Murray lässt uns wissen, dass der Lungerersee einst sehr viel schöner von Wald und Felsen eingefasst gewesen war, die Bewohner der Gegend es aber im Jahr 1836 mit einem klug erdachten Experiment zuwege gebracht hatten, zu Zwecken der Landgewinnung Wasser durch einen Stollen ins Tal ablaufen zu lassen und so seinen Spiegel abzusenken. Die Städte Sachseln, Sarnen und Stans, die wir eine nach der anderen durchquerten, schmücken ihre Chroniken mit patriotischen Taten zur Verteidigung ihrer Freiheit gegen das Vordringen der Österreicher und der Franzosen.

Sarnen, der Hauptort des Kantons, war im Jahre 1308 Schauplatz eines Aufstands, als etwa fünfzig Aufrührer angesichts der Gräueltaten des Habsburger Vogts die Burg und die Festung einnahmen. Niklaus von Flüe, ein großer Patriot und Friedensstifter, widmete sein Leben dem Versuch, die brennenden Leidenschaften der streitenden Parteien zu besänftigen; nach seinem Tod wurde er in Sarnen beigesetzt und heiliggesprochen.

Auch Stans beherbergt einige Relikte, die zu diesem Heiligen in Bezug stehen, sowie ein schlichtes Denkmal zu Ehren von Arnold Winkelried, dem Helden von Sempach, der sich mit dem Schlachtruf »Der Freiheit eine Gasse!« in die starrenden Lanzen der Habsburger unter Führung des stolzen Leopold geworfen haben soll. Nachdem er so eine Bresche in die geschlossenen Reihen des Gegners geschlagen hatte, konnte die Handvoll Eidgenossen das feindliche Heer aufreiben.

Durch diese Region voll blutiger, aber patriotischer Erinnerungen fuhren wir zwei Stunden lang, um uns herum schwankten die Kornfelder im Wind, und die Sonne schien mit gewohnter Schweizer Kraft. Wir waren froh, in Alpnach vom Land auf das Wasser zu wechseln, von der stickigen Kutsche auf das Dampfboot. Das Dorf Alpnach liegt überaus malerisch am Ufer des Sees und schien in der Sonne zu schlafen. Als es immer weiter in der Ferne entschwand, war der elegant sich verjüngende Kirchturm die einzige Landmarke im schimmernden Dunst, der vor dem Fichtenwald im Hintergrund schwebte. Dies war auch der Fichtenwald, den Napoleon für seine französische Flotte auszudünnen gedachte und der mit seinen steilen Hängen und seiner Dichte als »König« der Fichtenwälder gelten kann. Gewiss hatte Ruskin Alpnach vor Augen, als er von Abhängen schrieb, auf denen »dunkle Massen unzähliger Fichten stehen, die an seiner Fröhlichkeit nicht teilnehmen und sich für immer als feste Schatten behaupten, die selbst vom glühendsten Sonnenlicht nicht zu durchdringen noch zu verbannen sind. So zeichnet sich das schwarze Netzwerk ihrer reglosen Fransen gegen das weißliche Blau des Horizonts in seiner heiligen Klarheit ab. Und doch verdüstern sie das Landschaftsbild nicht. Sie schienen absichtlich dort hingesetzt, um zu zeigen, wie leuchtend alles um sie her ist. Die Wolken scheinen von reinerem Silber und die Luft dort mit einem weißeren und lebhafteren Sonnenschein erfüllt zu sein, wo die schwarzen Spitzen der Fichten sie durchbrechen.« In Stansstad stiegen weitere Passagiere an Bord, drei kräftige Wandersmänner, Touristen wie wir, und ein glücklicher Geistlicher, der sich an der Gesellschaft seiner jungen und aufblühenden Tochter erfreute. »Tochter, sagen Sie?«, bemerkte einer. »Sie ist die Braut des alten Mannes.« Und so war es. Frage: Zählt eine Europareise zu den Ködern, die alte Männer auswerfen, um ihre jugendlichen Bräute anzulocken? Vielleicht einer von vielen, sind doch die einzigen »glücklichen Verbindungen«, streng genommen, wenn nicht Mai und Dezember, so doch Frühling und Herbst in ihrer Gegensätzlichkeit.

Die Wasser des Vierwaldstätter Sees tragen für die Schweizer besondere Bedeutung, da sie an die grünen Ufer der Rütliwiese stoßen, wo die drei Eidgenossen im Kampf um die Freiheit der Schweiz, Werner Stauffacher, Arnold von Melchtal und Walter Fürst, zusammenkamen, um zur Mitternacht den

Eid zu schwören, einander Beistand zu leisten und nicht zu ruhen, bis die Unterdrücker aus ihrem Land vertrieben wären.

Zu unserer Linken krauste der Pilatus seine nackte Braue in den Himmel, schien aber entgegen seiner Gewohnheit guter Dinge und weder vom Gewissen geplagt noch in der Laune zu sein, uns gegenüber seinen zweifelhaften Ruf unter Beweis zu stellen, der ihm von den meisten Wanderern und Verfassern von Reiseführern zugeschrieben wird.

Nach einer Biegung im See sahen wir schon bald die Turmspitzen von Luzern. Gegenüber erhob sich die Rigi in unbewegter Zufriedenheit entweder ob oder trotz ihrer allgemeinen Beliebtheit. Ganz oben auf ihrem Kamm war ein winziger Fleck zu erkennen, ein Haus, das dem Anschein nach kaum groß genug war für einen Zaunkönig, doch zwanzig oder dreißig Wandergruppen wie die unsere beherbergen konnte. Auf diesen Kamm dort oben mussten wir, komme, was wolle, bis Sonnenuntergang gelangt sein.

Wir hatten gerade einmal vier Stunden in Luzern, und in diesen vier Stunden mussten ein gehöriges Mahl in gehöriger Form eingenommen, die Hofkirche besichtigt, die Gemälde im Giebel der Brücke bewundert und die Stadtmauer mit den vier Wachtürmen begutachtet werden, und Thorvaldsens Löwe wäre sicherlich gekränkt, würde er vergessen. Und so eilten wir, der Gefahr eines Sonnenstichs trotzend, in der gleißenden Sonne zur Hofkirche. Dort konnten wir uns vergewissern, dass von allen Handwerkern Luzerns die Vergolder die beschlagensten waren und darüber hinaus kein Mangel an Blattgold herrschte. Jene drei Altarbilder waren höchst beeindruckend. Bei den Gräberhallen entdeckten wir mehrere außergewöhnliche alte Grabmäler in Basrelief, während drinnen schon die Glocke zum Mittagsgebet zu schlagen begann. Also eilten wir weiter und fegten um die Ecken, um das Denkmal zu Ehren der Schweizer Gardisten zu besichtigen, die zum Schutze Marie Antoinettes abgestellt und während der Französischen Revolution gefallen waren – denn das mussten wir sehen, auch wenn wir dafür die Suppe verpassen und vom *Maître d'hôtel* schräge Blicke ernten sollten.

Nachdem wir auf der Suche danach mehrere Pirouetten gedreht hatten, standen wir mithilfe eines *garçon* endlich vor dem verwundeten Löwen. Die in den Sandsteinfelsen gehauene Gestalt ist knappe zwölf Meter lang und 5,5 Meter hoch. Es ist ein zutiefst beeindruckendes Ehrenmal für die Gefallenen. Ein Bild von Treue und Ergebenheit inmitten heroischen Leidens, wie es ein schöneres nicht geben kann. Der riesige Löwe wird als verwundet und sterbend dargestellt, und er greift mit der Tatze, wie unwillkürlich, die Lilie der Bourbonen. Der Fremdenführer in roter Uniform gibt sich als Überlebender des Gefechts aus.

Als wir endlich vor dem »Hôtel Rigi« standen, blieben uns noch zehn Minuten zur Verfügung – wir verbrachten sie in Richtung der Brücken, und als wir um eine Ecke bogen, wen sollten wir antreffen als Mathilde, unsere Gefährtin bei Montenvers und Freundin in Grindelwald! Aber die Zeit flog und erlaubte nicht mehr als eine Begrüßung und einen Abschied. Die Kellner des »Hôtel Rigi« waren wahrlich rasant an diesem Tag: Wenn wir auch nur eine Sekunde innehielten, um ein Stückchen Brot zu brechen, waren unsere Teller schon wie durch Zauberei verschwunden – der Blick, so glaubte man, müsse auf den Teller fallen, ruhte aber in Wahrheit auf dem leeren Tischtuch. Herrliche Blumensträuße schmückten die

Tafel, und geschmackvoll gebundener Efeu rankte von den Tischen bis hinauf zur Decke.

Nach dem Mittagessen bereiteten wir uns mit allem Ernst auf den Aufstieg auf die Rigi vor und saßen schon bald an Bord des Dampfbootes, das uns über den See zum Fuße des Berges bringen sollte. Wir hatten eine ansehnliche Zahl an Mitreisenden von verschiedenstem Charakter. Selbstverständlich gab es den stattlichen und etwas verlumpten Priester, der seine Vaterunser murmelte, Touristen im eigentlichen und im weiteren Sinne, blonde Mädchen, die ihre Adieus Richtung Ufer winkten, und Bergführer, die die Passage auf dem Boot erworben hatten, um den Wanderern für den Aufstieg auf den Berg ihre Dienste anzubieten. Wir engagierten den mit dem ehrlichsten Gesicht, damit er unsere Ranzen auf seinem aufrechten Gestell trug, auf das sie in jener ausgeklügelten und scheinbar von selbst haltenden Weise verstaut wurden, die nur Schweizer Bergführern und *porteurs* bekannt ist.

Wir landeten in Weggis, und wäre jeder Mann, Junge und Maultiertreiber, der sich dort auf uns stürzte, eine Wespe gewesen und jedes Wort ein Stich, Weggis hätte unsere sterblichen Überreste aufnehmen müssen. Wir wurden von den aufdringlichen Gesellen buchstäblich belagert, bedrängt und umkesselt! Mehrfach und mit verschiedenen Tricks und Kniffen versuchten wir, sie loszuwerden. Doch die allerletzten Hoffnungen der Bewerber konnten erst zerschlagen werden, als *la plus jolie dame* schließlich verkündete, wir hätten bereits den Montblanc bestiegen! Damit konnte kein Mann der Rigi mithalten. Vor solchen Bergsteigern wichen sie sprachlos zurück und ließen *la plus jolie dame* und die Bergamazonen unbehelligt passieren.

Wir verließen Weggis nicht, ohne zuvor Mr Toms Schlauch an der sprudelnden Quelle geküsst zu haben. Dies war unser Tonikum für den fünfzehn Kilometer langen Aufstieg, bei dem wir dreieinhalb Stunden lang der Sonne ausgesetzt sein würden, bevor wir, hoffentlich, glücklich vor Sonnenuntergang den Gipfel erreichten.

Der Berg war sehr steinig – tatsächlich wirkte er wie ein riesiger Steinhaufen, der nur von Lehm locker zusammengehalten wurde, sodass man leicht Stein um Stein herauslösen konnte. Große Mengen solcher Steine aus diesem Nagelfluh-Brekzie-Puddingstein lagen lose herum, sodass sich der Gedanke aufdrängte, es möge für die Zukunft kein Ding der Unmöglichkeit sein, dass die Rigi selbst eines Tages zu Staub zerfallen und mitsamt Pilgern und Kulm in den See rutschen könnte, um nur noch in der Geschichte fortzuleben. Und tatsächlich quoll in jenem Jahr eine nie gesehene Schlammflut wie ein Lavastrom langsam von der Flanke der Rigi auf den See zu. Sie brauchte dafür vierzehn Tage, zerstörte 25 Hektar fruchtbares Land und riss in Weggis dreißig Häuser mit sich. Die Katastrophe wurde auf Quellwasser zurückgeführt, das durch Risse in der Brekzie gesickert war und die darunterliegende Lehmschicht in weichen Schlamm verwandelt hatte.

Wieder werden wir daran erinnert, dass Touristen in den zweiundzwanzig Schweizer Kantonen ein bedeutendes Wirtschaftsgut darstellen, als sich erneut eine Horde von Parasiten an uns mästen oder, besser, uns mästen wollte, indem sie uns Kirschen vors Gesicht hielten und dazu »*Vingt centimes, vingt centimes!*« riefen. Diese Kirschverkäufer betrachten uns als ihre legitime Beute – sie fahren auf ihren Rigi-Höfen mit Fleiß eine gute Ernte ein und wenden alle Kunst und Kniffe auf, um uns zu Käufern zu machen.

Wir brüsten uns schon damit, ihr Drängen abgewehrt zu haben, nur dieses vorlaute Mädchen, die Anführerin ihrer Zunft, hat noch nicht aufgegeben. »*Vingt centimes, vingt centimes!*«, ruft sie. Entrüstet beratschlagen wir, wie sie abzuschütteln wäre. Am Ende aber wird auch sie der Sache müde und fällt zurück.

In einer Biegung lag ein grüner Hügel, einladend wie eines jeden »Christen Abwegswiese«[20]. Wir waren uns einig, dass der Ausblick auf den See von hier aus studiert werden wollte. Also kletterten wir über den Zaun, streckten uns auf dem grünen Hang aus und schwelgten in der üppigen Schönheit jener Landzungen, der Oberen und der Unteren Nase, die den klaren See in Buchten teilten. Buchten, die schon lange vor den Tagen der Touristen und Bergharpyien Ruderboote gesehen hatten, zu Zeiten des Habsburger Jochs und der eidgenössischen Aufstände und Siege. Und wie jäh die Felsen und Berge nach Uri hin sein Ufer begrenzen und wie sehr sich die dunklen Föhrenwälder vom Felsen und vom grünen Gras abheben. »*Vingt centimes! Vingt centimes!*«, schallt es wieder an unsere Ohren, und unsere Träume von Historie, von Tapferkeit, Poesie und Schönheit sind dahin.

Das war selbst für Miss Elizas Gleichmut zu viel, die zu einer so heftigen Schmähung des Feindes angestachelt ward, wie sie ihr feines Vokabular nur auszustatten wusste. Um ein Haar hätten wir aus reiner Notwehr den Korb mit Kirschen gekauft, doch am Ende obsiegten unsere Prinzipien, und die »*Vingt centimes*« herrisch zurückweisend, packten wir unsere Alpenstöcke, um erneut die Rigi anzugehen.

Zahlreich waren die Methoden, die wir anwandten, um ihre steilen Hänge zu bezwingen. Erst mit flottem Schritt, dann mit schwerem Schritt; als Nächstes versuchten wir es zu dritt in einer Reihe, dabei mit gemessenem Schwung der beiden Alpenstöcke in der Mitte den Takt vorgebend. Dann, des Krückstocks müde, fassten wir uns Arm in Arm und, wenn der Professor anführte, liefen los, als würden wir eine Neigung von 45 Grad hinunter- statt hinaufgehen. Dies führte natürlich dazu, dass wir bald haltmachen mussten, wobei Mr W. W. uns wenigstens zum fünften Mal versicherte, dass wir »schon fast oben« seien, »nur noch um die eine Kurve«, und wir würden, wie Albert Smiths Engländer auf dem Gipfel des Montblanc, »Da sind wir!« rufen. Dann befiel uns unser ständiges Leiden: der Durst, obwohl wir versucht hatten, den Mund feucht zu halten, auch wenn wir nicht den üblichen Ratschlag aller Reiseführer befolgt und auf einem Kiesel gelutscht hatten, aber wir hatten kaum gesprochen, schon allein weil uns für diese Anstrengung der Atem fehlte. Ich denke, wir hätten einfach von den Kirschen kosten sollen, die über dem Weg hingen, wäre da nicht das Ungeheuer mit dem Kropf gewesen, das vor dem Baum Wache stand.

Wir kamen an der kleinen Kapelle vom Heiligen Kreuze vorbei, kaum größer als ein Sommerhaus, und machten in der anliegenden Hütte halt, wo wir die Glaskrüge für die durstigen Pilger leerten, die bis zum Rand gefüllt waren. Nach drei Kilometern auf dem steilen Hang packte uns erneut das Verlangen nach Wasser, ohne dass irgendwo das leiseste Plätschern zu vernehmen gewesen wäre. Doch Mr James, stets darauf bedacht, zu Diensten zu sein, glaubte, irgendwo auf dem Hang müsse es eine Quelle geben, und obschon er ebenso ausgedörrt und müde war wie wir, lief er, bevor wir Einwände erheben konnten, auf der Suche danach davon und kehrte bald mit dem ersehnten Nass zurück. Der Weg wurde langsam dunkler, und wir mussten uns eingestehen, dass die Sonne wohl hinter dem Horizont versunken sein würde, bevor wir die Kulm erreichten. Wir hatten nicht bedacht, dass fünfzehn Kilometern bergan leicht neunzehn Kilometern auf ebener Erde entsprachen. Trotzdem waren wir entschlossen, den Weg ohne Hilfe von Maultier oder *chaise-à-porteur* zu bewältigen.

Für eine Weile wurden wir von einem wundersamen natürlichen Gewölbebogen angezogen und aufgehalten, der sich über den Weg spannte. Er bestand aus zwei frei stehenden Felsblöcken und einem Giebelstein, der sicher und doch anmutig auf ihnen ruhte.

Jemand verkündete, da sei ein Gebäude in Sicht, was uns zu einer großen Anstrengung animierte, denn der Glaube, es müsse sich um den Staffel handeln, nur zwanzig Minuten von der Kulm entfernt, gab uns Auftrieb. Aber nein, es war nur ein Badehaus für eine der vielen »Kuren«, die Schweizer Ärzte erfunden haben. Früher war es hier üblich gewesen, dass die Patienten mit Kleidung im Bade lagen und danach in der Sonne umherliefen, bis sie wieder getrocknet war. Aber diese Methode, so heißt es, ist für den Erfolg einer Kur nicht mehr wesentlich. Die Anstalt war nicht außergewöhnlicher als die Bäder, die wir in Leukerbad gesehen hatten, wo die Kranken acht Stunden im heißen Wasser liegen, oder Bad Pfäfers, wo die Patienten an Seilen zu den heißen Quellen zwischen den Felsen hinabgelassen werden und dort in früheren Zeiten noch eine ganze Woche verbrachten, dort unten aßen und tranken und im heißen Wasser statt unter einer Bettdecke schliefen. Wir hatten auch von anderen »Kuren« gehört, die die Schweizer anwandten, zum Beispiel der »Traubenkur« in der Nähe von Vevey, wo der Patient bis zur Mittagszeit sechs Pfund weiße Weintrauben verspeist, oder dem Molke-Institut unweit von Neuchâtel, wo eine Diät aus Käsewasser, das bei der Käseherstellung von der Milch übrig bleibt, verordnet wird.

Wir taten unser Bestes, vor den Augen der Gesellschaft, die sich auf dem Balkon des Badehauses versammelt hatte, eine respektable Erscheinung abzugeben. Angesichts unserer aufrechten Haltung und des festen Schrittes mussten sie annehmen, dass der Aufstieg auf die Rigi für uns eine Kleinigkeit war, auch wenn wir enttäuscht waren, unserem Ziel noch nicht nahe zu sein.

Kurz darauf stieg erneut die Hoffnung, als in Sichtweite ein großes Hotel auftauchte. »Das *muss* Rigi-Kulm sein!«, brach es von unseren Lippen, aber das war es nicht, sondern nur Rigi-Staffel.

Endlich, nach redlicher Plackerei, erreichten wir ein ebenes Stück Weges, und seltsamerweise war dort im Nu alle Erschöpfung verflogen – davongetragen von der berauschenden Luft. Nun sprangen wir federnden Schrittes über den Bergkamm, der hier aus schwindelerregender Höhe auf den See hinabblickte, welcher allerdings in den länger werdenden Schatten des Abendlichts nicht mehr zu sehen war. Wieder versteckte sich hinter einer Anhöhe ein weiterer steiler Anstieg, steil wie die Striche des Buchstabens »W« – diese eine Steigung noch, und dann, nach der allerletzten Anstrengung, standen wir auf der lang ersehnten Rigi-Kulm.

Unsere Betten waren per Telegramm aus Luzern reserviert worden, und so erklommen wir noch ungefähr siebzig Stufen und trafen unsere Wahl.

Wir waren in jener Nacht die letzten Ankömmlinge, draußen war es dunkel, und drinnen brannten Lichter. Im *salle-à-manger* waren bereits alle im Begriff, sich zurückzuziehen, nur eine Gruppe blieb um das Piano herum, wo wunderbare Musik gespielt wurde. Der Raum war für seine Zwecke außerordentlich groß, ungefähr fünfundzwanzig Meter lang. Drei Tische liefen über die gesamte Länge und ließen eher an festliche Gelegenheiten zu Hause als an eine Herberge in einem einsamen Gasthaus in 1700 Meter Höhe über dem Meeresspiegel denken.

Auch die Mahlzeit und die Gier, mit der wir das Brot verschlangen und den Tee tranken, erinnerten uns an die Zusammenkünfte zu Pfingsten, wo wir so oft mit Staunen den ungeheuren Appetit der Jüngeren beobachtet hatten.

Wir hielten uns nicht lange unten auf, denn es war zehn Uhr, und um drei am nächsten Morgen wollten wir zusammen mit den Massen auf der Kulm aufstehen, um inbrünstig wie persische Gläubige gen Sonnenaufgang zu beten.

Wir schliefen in einem oberen Stockwerk des Hotels, ruhig wie ein Adler in seinem Horst, nur dass der Wind seinen frostigen Atem über die schneebedeckten Gipfel blies und prasselnde Salven gegen die Fensterflügel warf, ein sozusagen verbaler Rüffel dafür, dass wir, ihrem Hoheitsgebiet so nah, überhaupt schliefen.

Donnerstag, 9. Juli 1863
Sonnenaufgang auf der Rigi

Ein erbarmungslos beißender Wind begrüßte uns, als wir um zwei Uhr das Fenster öffneten, um einen Blick auf Ihre Majestäten des Oberlands und ihre königlichen Anverwandten zu werfen. Diese Weiten schneebedeckter Pyramiden, die sich vor einer tiefgrauen Leere auftürmten, boten, im Zwielicht zwischen ersterbender Nacht und erwachendem Morgen gesehen, in ihrer Stille einen Anblick von schrecklicher Schönheit! Seltsam bewegend, das gewiss, ein unauslöschlicher und erhabener Eindruck.

Um drei Uhr hörten wir das Weckhorn, dessen Stöße näher und näher kamen, während ein Stockwerk nach dem anderen aus dem Schlaf geholt wurde. Es ist ein wahrhaft wirksamer Wachmacher, wenn der mit Rinde umwickelten Huka Stoß auf Stoß, Ton auf Ton entlockt werden. Mr Tom berichtete, er habe aus dem Zimmer gelugt und den Mann dieser Stunde gesehen, zumindest glaubte er, dass dieser es gewesen sein musste, da er sich lebhaft an die geblähten Wangen erinnerte, wie die des alten Boreas in Äsops Fabel, wo der Wind und die Sonne auf Kosten des armen hungrigen Wanderers im Mantel »Wer ist der Stärkere?« spielen.

Es dauerte keine zehn Minuten, bis der ganze Bienenstock summte und auf den grasbedeckten Hang der Kulm ausschwärmte. Es war ein bunt gemischter Haufen, wie ihn nur Reiseführer und Zeitungsartikel zusammenschreiben. Drei oder vier rücksichtslose Charaktere gingen als neuseeländische Häuptlinge, in jene roten Decken gewickelt, deren Verbleib im Zimmer an jeder Schlafzimmertür in Schwarz auf

Weiß angemahnt wird, was die Gäste aber offenbar nur auf die außerordentliche Eignung dieser Decken für den Gebrauch sowohl außer- wie auch innerhalb des Hauses aufmerksam machte. Die meisten Gentlemen trugen hochgeschlossene Regenmäntel, was nicht weiter auffällig war, auch wenn die Halstücher von unterschiedlicher Qualität und Farbe bei gesellschaftlichen Anlässen wohl nicht akzeptabel gewesen wären. Und obschon die Damen aus allen Nationen hinsichtlich ihrer Zöpfe und Hüte vollkommen manierlich auftraten, so kamen doch manche (und hier spreche ich ehrlich und aus eigener Anschauung, wie es sich für eine Reporterin der Fakten gehört) derart unmanierlich daher, dass fraglich ist, ob die Eltern unserer Weggefährtinnen ihre Nachkommenschaft in dieser gibeonitischen Tracht überhaupt wiedererkannt hätten. Wenn schon der freundliche Galan in Grau, der doch kein Falsch an den Damen erkennen sollte, sein Ordnungsempfinden täglich neu von der im Schweiße gealterten und beschmutzten Kleidung der *plus jolie dame* auf die Probe gestellt sah, welche Ablehnung wäre ihnen da erst in ihrer Heimatstadt entgegengeschlagen, und welche Rügen hätten sie sich von ihren mütterlichen Ordonnanzen eingetragen!

Wir zählten um die 150 Frühaufsteher, von denen die meisten jene kummervolle Miene trugen, die in Dr. Watts' Moralgedicht folgendermaßen beschrieben wird: »Zu früh ward ich geweckt, ich muss noch ruh'n.«[21] Zwei fliegende Händler dagegen wirkten sehr wach, als sie ihre geschnitzten Nadelkästchen und Ähnliches anboten. Eitle Gesellen! Zu glauben, dort oben auf der Rigi das Monopol der aufgehenden Sonne brechen zu können, die langsam und erhaben aus dem dämmerigen Nebel aufsteigt und mit einem einzigen Blick ihres rubinroten Auges die aschgrauen Antlitze jener verschneiten Gesellschaft mit den wächsernen Nuancen der himmlischen Rose namens »Maiden's Blush« überzieht.

Die Weite dieses mächtigen Panoramas war von beeindruckender Erhabenheit, und wir schauten in andächtiger Stille auf jene zerklüfteten Formationen hinaus, während das Licht des Tages über Bergen, Tälern, Seen und Dörfern erwachte. »Sehnsüchtig also sahen wir, wie die Himmel mehr und mehr erstrahlten, bis auf der Erde ihre höchsten Gipfel erglühten wie von rosigen Flammen.«[22]

Unser Sonnenaufgang auf der Rigi war, wie wir fanden, herrlich, aber kaum so reich an Farben, wie ihn einige Wanderer schildern, die von den Gipfeln als »gigantischen Lampen, mit rotem Feuer brennend«, sprechen und von dem weißen Schnee als »in glühendem Rosarot gebadet«. Es war schwer zu entscheiden, ob die frühe Pracht um drei Uhr morgens oder die kristallene Klarheit um sieben schöner war. Wenn diese weißen Berge vor einem Himmel vom reinsten Azurblau wie Marmor funkeln, ist das eine eher himmlische denn eine irdische Herrlichkeit, ein treffendes Sinnbild für die heilige Stadt, das neue Jerusalem, wie es der verstoßene Johannes »von dem großen und hohen Berg« aus »von Gott aus dem Himmel herabfahren« sah, »bereitet als eine geschmückte Braut ihrem Mann«.

Wir traten an den vorspringenden Rand des Felsens, der aus dem See aufstieg, und zählten weitere Seen, die wie flüssiges Silber zwischen den von Weiden bedeckten oder in Tannen gekleideten Anhöhen in der Landschaft lagen.

In der Ferne konnten wir Zürich ausmachen und den Zugersee mit der berühmten Tellskapelle, die die Männer von Uri zu

Ehren Wilhelm Tells am Ufer errichteten und wo einmal im Jahr Schweizer aus den vier Kantonen zusammenkommen, um die Messe zu hören und die Wandgemälde von Gesslers Tod zu sehen.

Beim Frühstück um acht Uhr waren wir fast allein, die Heerscharen von Touristen, die wir drei Stunden zuvor auf der Kulm angetroffen hatten, hatten sich in alle vier Winde über den Berg zerstreut, um am Abend durch neue Wandersleute ersetzt zu werden.

Wir nahmen erneut in dem verlassenen Raum Platz und schauten aus seinen sieben Fenstern auf die Reihe schneebedeckter Wächter hinaus, dann noch ein langer Blick vom Balkon und ein Lebewohl zur Rigi-Kulm. Der große Mendelssohn mochte gut und gerne »vier Stunden am Stück« hier gesessen und auf die Berge hinausgeblickt haben, weil er hoffte, wie er sagt, »ihre Herrlichkeit möge einen bleibenden und unauslöschlichen Eindruck« in ihm hinterlassen.

Bald darauf traten wir in die Wolken hinab, denn tatsächlich kräuselten sich die flauschigen Dinger zu unseren Füßen, und die Versuchung war groß, jede Menge Schlösser zu errichten, wo doch ihr Fundament einmal so nahe war.

Der Tau hing schwer auf den schattigen Böschungen und ließ die Farnwedel erglänzen, Walderdbeeren lagen wie Korallen unter der verwobenen Vegetation, und wir ließen uns Zeit, um sie auf öffentlichem Grund zu pflücken. Nun, da die schneebedeckten Gipfel außer Sicht waren, war es ganz so, als würden wir zu Hause im Lake District einen unserer Hügel hinabsteigen. Wir waren schnell unten angelangt und hatten daher Zeit, an den Kirschbäumen am Straßenrand zu verweilen und unsere Meinung zu ihrem Aroma abzugeben, dabei hoffend (des Gewissens wegen), dass in der Schweiz, wie auch in Deutschland, Kirschbäume von der Obrigkeit nicht nur zur Beschattung der Fußgänger am Straßenrand gepflanzt wurden, sondern auch, um sie auf ihren Wanderungen zu erfrischen.

Weiter unten blieben wir hinter einem schattigen Chalet stehen, um unseren Durst an einer jener rustikalen, mit einem Trog ausgestatteten Quellen zu löschen, was die fleißigen und kurzsichtigen Frauen, die in unserer Nähe arbeiteten, nicht im Mindesten zu behelligen schien.

Küssnacht, wo wir wieder an Bord gehen wollten, erreichten wir eine halbe Stunde vor dem Dampfer. Zum Zeitvertreib wanderten wir zwischen seinen architektonischen Schönheiten umher, bestehend aus einer Kirche und einer Bestattungskapelle. Eine seltsame, schmutzige Kapelle war das! Sie besaß zwei Türen, sodass man von der einen zur anderen Seite hindurchgehen konnte und dabei den Altar zur Linken und die Sitzbänke zur Rechten hatte. In der Ecke unweit einer Tür lagen, achtlos aufgestapelt, ungefähr zwölf bis achtzehn menschliche Schädel. Hinter dem Altargitter standen rechts und links zwei Holzfiguren, die Männer mit verzerrten Gesichtern in den Flammen des Fegefeuers darstellten. Das Altarbild war ein schlichtes Gemälde eines Priesters, der neben den gequälten Seelen kniet und für ihre Erlösung betet. Die hintere Wand der Kapelle war fast vollständig von einem schwarzen Tuch verhüllt, auf das in Weiß ein Totenkopf und zwei gekreuzte Knochen gestickt waren.

Die Kirche hatte ihre bescheidenen Ansprüche, was Gebäude und Dekoration anging, und auch ihren Anteil an Eigentümlichkeiten. Die beiden Schreine enthielten groteske Holzschnitzereien der Jungfrau und ihrer Anverwandten, zu erkennen an der rosigen Haut, den blauen Augen und den farbenfrohen Gewändern. Die größte Besonderheit aber war ein kleiner grüner Einmaster, der an einem Tau vom Kanzeldach hing. Er war mit Holzmatrosen bemannt, die offenbar eine arme Seele von Küssnacht nach irgendwohin übersetzten. Es handelte sich wohl um eine lobenswerte Schenkung an irgendeinen Heiligen als Dank für Schutz bei der Schifffahrt und vor dem See, die durch ihre Position besonders geehrt wurde. Oh, frecher Mr James, wie können Sie es wagen, dem Rumpf dieser heiligen Galeere einen Schwung zu geben! Passen Sie nur auf, dass Ihre Seele für dieses Sakrileg nicht wie im Fegefeuer in den knarrenden Türen und Angeln von Küssnacht gefangen wird! Zu unserem Glück war der Kirchdiener, Küster oder Messner bei der Ernte. Wir nahmen Reißaus und ließen das Boot über dem Altar schwingen, um auf dem Friedhof ein weiteres Exempel des Aberglaubens in Augenschein zu nehmen: einen Schrein, um den herum grob gefertigte Holzbeine und -füße aller Größen von denjenigen aufgehängt worden waren, die glaubten, durch seine Heilkräfte auf wundersame Weise genesen zu sein.

Dann standen wir eine Weile auf dem Anleger, schauten in das klare grüne Wasser des Vierwaldstätter Sees und beobachteten die Myriaden von Fischen, die in der Sonne umherflitzten. Als der Dampfer anlegte, wer sollte anderes unter den Passagieren sein als unsere Freundin Mathilde! Einmal mehr folgte dem Wiedererkennen eine herzliche Begrüßung, wir gaben eine eilige Beschreibung unseres Sonnenaufgangs, dann unsere letzten Schritte im Kanton Schwyz und unser letzter Abschied von Mathilde.

Unsere Fahrt über den See war sehr schön. Seine Wasser waren so klar und einladend, dass Miss Eliza nicht widerstehen konnte, als Tribut ihren Hut zurückzulassen, der ihre Züge auf der Wengernalp und im Rhônetal so gefällig umrahmt hatte. Sie ließ ihre Bark zu Wasser und Richtung Rigi treiben.

In Luzern sahen wir die ersten Vorbereitungen für ein Fest, das in mehreren Kantonen gefeiert wurde, und schritten vom Dampfboot aus unter einem lichten gotischen Bogengang aus Buchsbaum hindurch. Die Zeit reichte nur für ein frühes Abendessen und einen Spaziergang über die eigentümliche alte Kapellbrücke, die die Reuss an der Stelle, wo sie in den See fließt, schräg überspannt. In ihrem Giebeldach hängen 150 Gemälde, die Szenen aus dem Alten und dem Neuen Testament und Heldentaten Schweizer Persönlichkeiten darstellen.

Für die Augen war es eine wohltuende Erleichterung, in die grünen Wasser zu schauen, die sich um die Brückenpfeiler kräuselten, oder hoch zur Galerie der Seeblicke, die von den Holzpfeilern, die das Brückendach tragen, wie von einem grob gehauenen Rahmen eingefasst werden.

Der alte runde Archivturm, »Wasserturm« genannt, mit seiner markanten Kappe – wie malerisch er sich aus seinen unsichtbaren Fundamenten erhob und zum Schutze der Reuss und ihrer vielen Brücken Wache stand.

Aber die Zeit war herrisch und setzte eisern auch diesem Vergnügen ein Ende. Omnibusse und *chemins de fer* stehen miteinander im Bunde und planen mit grausamer Freude die Beförderung des Reisenden ab Luzern. Die Schweizer verstehen ohne Zweifel etwas von und legen Wert auf bequemes Bahnreisen. Die Waggons der Breitspurbahn sind nicht in Abteile gegliedert, sondern gleichen geräumigen, gepolsterten Salons mit einem Gang in der Mitte. Die Bahndirektoren sparen weder an Platz, noch wollen sie den Fremden allzu schnell durch ihr schönes Land spedieren, sondern ihn vielmehr mit gemessener Würde von Station zu Station befördern, wobei wir an zwei Drittel aller Stationen ausstiegen, um den Waggon zu wechseln, aber ohne Hast und ohne Lärm und sogar ohne Dampf, denn die Loks verbrennen Kohle, weshalb die Schlote große schwarze Rauchwolken ausstoßen, die denen in Leeds oder Lancashire in nichts nachstehen.

Wir saßen bequem an den offenen Fenstern und genossen die Ausblicke in die schöne Gegend, auf Wachtürme und Orte wie Sempach und seinen See, wo Arnold Winkelried so heldenhaft den Sieg gegen die Österreicher herbeigeführt hatte. Olten ist ein Knotenpunkt, an dem sich die Bahnlinien kreuzen und wo wir auf die Welle von englischen Touristen trafen, die vom Rhein herüberschwappten und in den Zug nach Basel, Zürich und Neuchâtel umstiegen, weshalb wir Zeit hatten, Garderobe und Gepflogenheiten zu studieren, die hier schon weniger eigentümlich waren.

In Bienne, wo wir zum letzten Mal den Waggon wechselten, stieg eine große Gruppe von Schulmädchen zu, die einen Ausflug nach Luzern unternommen hatten, wie es die Pensionen so oft tun. Sie waren eine fröhliche Schar und wurden von ihren Schulkameradinnen herzlich in Empfang genommen, als sie an einer kleinen Station kurz vor Neuchâtel ausstiegen. Alle Bahnhöfe auf unserer Route waren aufs Schönste geschmückt gewesen, in Neuchâtel aber wurden die umfangreichsten Vorbereitungen getroffen, als wir unter den großen Bogengängen aus Kiefernzweigen und den wehenden Flaggen hindurch zum »Hôtel Belle Vue« liefen. Nach der Zugreise und unserer morgendlichen Wanderung die Rigi hinab waren wir froh, ausruhen zu können. Und oh, wie erquickend für Fleisch und Blut war das Abendbrot in dem warm erleuchteten Saal! Ein Höhepunkt häuslichen Glücks, ein wahres Kanaan, wo Milch und Honig flossen.

Gesellschaftlich betrachtet, entsprach das »Hôtel Belle Vue« mit seiner Lage, dem *salle-à-manger*, den Schlafzimmern mit Ankleidekammer und Balkonen sowie der Terrasse, die von den blauen Wassern des Sees umspült wurde, und der allgemeinen Führung genau seiner Reklame.

Freitag, 10. Juli 1863
Neuchâtel

Dieser Vormittag sollte der Muße gewidmet sein, der erste dieser Art in unserem Programm, und so war ein Frühstück früher als acht Uhr nicht obligat. Wir verbrachten ihn mit einem Bummel durch die Stadt, der uns einige Anregungen zum Arrangement von Dekorationen gab. Wir sahen zu, wie der gewaltige Giebelstein des Torbogens erfolgreich an seinen Platz gesetzt wurde. Das schrecklich grobe Gemälde stellte die Schwurszene auf dem Rütli dar, mit Wilhelm Tell und Arnold Winkelried in Rüstungen. Den Künstler selbst sahen wir an einer anderen hoch aufgehängten Leinwand letzte Hand anlegen. Offenbar mangelte es in Neuchâtel an Leitern. Oder aber sie würden unseren Künstler zu dicht vor sein Werk bringen, um seine Wirkung noch beurteilen zu können, oder die Idee für einen Hintergrund war ihm erst im Nachhinein gekommen, denn er arbeitete, den Pinsel an die Spitze einer Angelrute gebunden und auf der gegenüberliegenden Straßenseite stehend, den Charakter des wilden Bogenschützen auf der Leinwand heraus, indem er einen Wasserfall hinzufügte, und nachdem er den Pinsel noch einmal in den Farbtopf getunkt hatte (die schwierigere Aufgabe von beiden), entstand hinter dem Wasserfall noch ein Berg. Die toskanischen Säulen des Rathauses waren mit roten und weißen Papierschlangen umwickelt, und auf dem Kranzgesims prangten die Wappen der zweiundzwanzig Kantone. Während wir in einer Papeterie Ansichtskarten auswählten, erfuhren wir, dass diese Vorbereitungen einem Schützenfest galten, das nur alle drei Jahre stattfand und zu dem die Menschen aus allen Nachbarkantonen in Scharen herbeiströmten, einschließlich der zahlreichen Uhrenmacher aus der Gegend von Le Locle und La Chaux-de-Fonds.

Wir stiegen auf das flache Dach des Hotels, von wo aus wir einen schönen Blick über das Land hatten. In der Ferne erhob sich der Gebirgszug des Jura, aber wir vermissten den Schnee des Oberlands und die felsigen Ufer des Thuner- und des Sarnersees. Die Landschaft erinnerte uns daran, dass sich unser Aufenthalt in der Schweiz dem Ende neigte und wir in wenigen Stunden die Grenze überschreiten und auf französischem, nicht mehr auf Schweizer Hoheitsgebiet sein würden.

Das gewichtige Geschäft des Uhrenkaufs wurde bis auf die letzte halbe Stunde aufgeschoben, und so ansprechend waren diese mit einer Garantie versehenen Uhren für 25 Schilling und aufwärts, dass sie sich für Mr James und Mr W. W. als unwiderstehlich erwiesen und der Poet und der Schatzmeister nun Gelegenheit haben zu prüfen, ob die Gebrüder Jean Jacques ihr Wort halten.

Als wir um vier Uhr in Neuchâtel abfuhren, lag eine ganze Nacht auf den Schienen vor uns, und wir hofften, am frühen Morgen in Paris einzutreffen. Wir kamen durch Landschaften, die streckenweise überaus romantisch waren. Das Val de Travers wurde von einem beeindruckenden Kalksteinkessel namens Le Creux du Van eingefasst, und die Hügel davor und daneben waren in Wälder gekleidet und mit Wiesen ausgelegt, gesprenkelt hier und da von den schmucken Häusern der Schweizer.

Drinnen herrschte in unserem kleinen Gemeinwesen keine Ruhe. Während wir immer wieder an die Fenster traten, um die allerletzten Blicke auf die Schweiz auszukosten, wurden so mancherlei Ränke geschmiedet und durch Zufall aufgedeckt. Gegenstände kamen durch das Wirken unerklärlicher Mächte abhanden, und Racheakte folgten auf dem Fuße. Ja, mit unseren »Poeta laureatus«, »erlesenen Freunden«, weihevollen Gedichten und Geldbörsen hatten wir eine unruhige Fahrt zur Schweizer Grenze bei Pontarlier. Dort stiegen wir aus dem Zug, um uns den forschenden Blicken einer ganzen Barrikade von *douaniers* zu unterziehen, deren Strenge sprichwörtlich ist. Im Nu wurden all unsere »Tauchnitzes« zu Taschenbüchern.[23]

Alles musste den Zug verlassen und vor dem im Halbkreis aufgestellten Tribunal erscheinen, der Gnade der Inspektoren ausgeliefert. Ein Herr musste seine sämtlichen Taschen entleeren und sogar seinen Kamm- und Bürstenbeutel zeigen, und während wir uns ausmalten, welche Unannehmlichkeiten mit dem Auspacken unseres umfangreichen Gepäcks einhergehen würden, malte eine Zöllnerin, nachdem sie ausgiebig und wohl zur Zufriedenheit unsere äußere Erscheinung studiert hatte, endlich mit einem Lächeln das magische Kreidezeichen auf unsere Rucksäcke und Reisetaschen, und wir hatten die Feuerprobe unbeschadet überstanden.

Nach der Abfahrt von Pontarlier brach zügig die Nacht herein, und Dijon war die Station der frühen Morgenstunden, denn zu unserer Enttäuschung erfuhren wir dort, dass wir, statt nach Paris durchzufahren, in Dijon drei Stunden würden warten müssen, um einen langsamen Zug nach Paris zu nehmen, der nicht vor Mittag dort eintreffen würde.

Beim Aussteigen waren wir einmütig dafür, im Bahnhofsrestaurant einen Tee zu uns zu nehmen, mehr als es die Kellner waren, ihn zu servieren. Die armen Gesellen waren halb eingeschlafen und brachten in ihrem Tran heißes Wasser ohne den Tee, doch als sie endlich aufgewacht waren, hatten sie ihren Spaß an den teetrinkenden Engländern. Es war nicht anzunehmen, dass wir es zufrieden sein würden, nur auf dem Bahnhof auf und ab zu laufen; wir wollten uns einen Eindruck von Dijon verschaffen, und so brachen wir auf, um seine Dimensionen zu erkunden. Wir hatten erwartet, hier und da Lichter aus einer offenen Cafétür fallen zu sehen, aber alles war still und verlassen. Die Luft war kühl und angenehm. Wir blieben in einem Torbogen stehen, um eine Wahlbekanntmachung zu übersetzen, als das Geräusch plätschernden Wassers uns zu einem Springbrunnen am Anfang des Boulevards führte. Vier Reihen hübscher Bäume reckten ihre ausladenden Äste über grob gezimmerte Bänke hinaus; dort setzten wir uns und betrachteten wenn schon nicht die Dinge in der Nähe, so doch wenigstens die Personen in der Ferne, dabei inständig hoffend, die Nachtruhe der besorgten Eltern in der Heimat möge nicht von Bildern ihrer geliebten Kinder als obdachlose Streuner in einer fernen französischen Stadt gestört werden. Und ist nicht Frankreich die Geburtsstätte der Grippe? Dieser Umstand setzte unseren Selbstgesprächen auf dem Boulevard von Dijon ein jähes Ende. Jemand schlug ein Nickerchen in dem mit Polstern ausgestatteten Warteraum vor, auf denen wir also eine Stunde schlummerten, und als die Türen geöffnet wurden, traten wir noch im Halbschlaf durch die Absperrung, um unser Schläfchen im Zug fortzusetzen, wo wir, wären da nicht die lärmenden kleinen Glöckchen an jedem Bahnhof gewesen, tief und fest bis zum Sonnenaufgang durchgeschlafen hätten. Auf dem Weg ließen wir als kleine Gabe für nachfolgende Reisende ein Exemplar von Bulwer-Lyttons Liebesromanen zurück, übrigens eine von sehr wenigen Einbußen. Unser viel besungenes Gepäck stand unter einem guten Stern.

Aber dann: Salut, Paris!, auch wenn *gendarmes* und Soldaten die auffälligsten Figuren dort sind, und salut, Hotel, Briefpost und Rast!

PARIS

Auf dem Champs-Élysées, Paris

Samstag, 11. Juli 1863

Unsere Alpenreise war damit endgültig vorüber, und wir unterstellten uns willig der Fürsorge von Mr James, Mr Tom und Miss Sarah, die allesamt aus anderen Tagen Reiseerfahrung vorweisen konnten.

Wir wollten viel sehen, und so gönnten wir uns kaum Rast und waren am Nachmittag auf den Champs-Élysées unter fröhlichen, glücklichen Franzosen, die in Grüppchen beieinanderstanden oder -saßen und der hervorragenden Kapelle lauschten, die, wie es üblich war, im Kreise der Haselnussbäume aufspielte. Dann überquerten wir einen der monumentalsten Plätze Europas, den Place de la Concorde, der von zwei großen allegorischen Springbrunnen gekühlt wird und in dessen Mitte der eigentümliche, mit Hieroglyphen übersäte Obelisk aus Karnak steht, der einst mit seinem ebenso riesigen Gegenstück am Eingang zum Tempel von Theben Wache stand, vor 3000 Jahren von Sesostris errichtet, dessen Eroberungen in den Stein eingemeißelt sind. Dank des unbezwingbaren Willens Bonapartes und des ausdauernden Geschicks seiner Ingenieure war der Obelisk aus den Sanddünen von Luxor gegraben und hinweggeschafft worden, um Galliens moderner Metropole noch mehr Pracht zu verleihen. Nun steht der einzigartige Monolith aus Granit 22 Meter hoch und mit einem Gewicht von 120 Tonnen auf seinem Sockel, wie unser Reiseführer zu berichten weiß.

Wir befanden uns auf einer geraden Achse zwischen Tuileries und Arc de Triomphe. Beschwingt rollten die Kutschen durch die Avenuen, und fröhlich spielten die Kinder unter den Bäumen und zwischen den geschmackvoll angelegten Blumenbeeten. Es war ein sonniger Tag, und wir sahen Paris im Sonntagsstaat. Aber wann ist in Paris nicht Sonntag? Denn was der Pariser »Arbeit« nennt, würden wir in England als »Erholung« bezeichnen.

An diesem Tag hatte die Nachricht von der Einnahme Mexikos Paris erreicht, und am Abend, so berichteten unsere Gentlemen, erstrahlten die Champs-Élysées zu deren Feier in hellem Lichterglanz. Wir Damen blieben drinnen und versuchten, zwei Nächte Schlaf in einer unterzubringen. Der Place du Havre mit seinen unablässig rollenden Kutschen jedoch schien damit nicht einverstanden zu sein. Trotzdem schliefen wir und erwachten am Morgen zu der gleichen unablässigen Begleitmusik, die nicht etwa, weil Sonntag war, leiser wurde.

Sonntag, 12. Juli 1863

Für unseren ersten Tag in Paris hatten wir uns vorgenommen, auf dem Weg zu unserem eigenen alle und so viele Gotteshäuser zu besichtigen, wie wir offen vorfanden.

Als wir in die Rue Royale einbogen, war es durch rein äußerliche Anschauung unmöglich zu erkennen, dass Sonntag war, nein, wenn überhaupt, stellten die Geschäfte der Putzmacher fröhlichere Hauben und die Juweliere verlockendere Schaufenster aus als an einem Samstag.

Die Madeleine war das erste Gotteshaus, das wir betraten. Ein wahrhaft majestätisches Gebäude! Es ist nach dem Vorbild eines griechischen Tempels errichtet, mit einem Portikus aus 49 kannelierten korinthischen Säulen, zwischen denen in Wandnischen Heiligenstatuen stehen. Wir traten unter dem Portikus und dem von Figuren geschmückten Giebel hindurch in den offenen Innenraum, wo für Glanz und Herrlichkeit weder an Marmor oder Gold, Gemälden oder Skulpturen gespart worden war. Durch drei Kuppeln fiel Licht, was einen bemerkenswerten Effekt auf das Interieur hatte und die gemalten Figuren aus der Decke hervorhob, sodass man bei längerem Hinschauen meinen konnte, die Engel mit den ausgestreckten Flügeln schwebten von ihrem großen Gewölbe herab, um ihre Verwandtschaft mit der strahlenden Reinheit der Magdalenen geltend zu machen, die den Altar bewachten.

Die Kirche war ungefähr zur Hälfte mit Gläubigen gefüllt, ein Gitter trennte sie von den Besuchern; viele kamen, wie auch wir, für ein paar Minuten herein und gingen dann weiter.

Das Zeremoniell war von außerordentlicher Pracht und wurde von mehreren Stafetten von Priestern in kostspieligen Gewändern geleitet, die in einer Prozession die Marmorstufen zum Hochaltar hinauf- und hinabschritten. Derweil wurde der Gottesdienst, begleitet von den rollenden Klängen der beiden Orgeln, in den volltönendsten Melodien intoniert.

Aber wir blieben nicht lang, da wir auch den Gottesdienst in Notre-Dame sehen wollten, die ein gutes Stück von der Madeleine entfernt liegt.

Wir kamen an der Versammlungshalle der Kongregationalisten vorüber, und unsere fahrenden Calvinistinnen konnten dem Verlangen nicht widerstehen, sie zu inspizieren, genau wie die Methodisten ihre neue Kirche in der Rue Malesherbes.

Ein Fußmarsch von fast zwei Kilometern, nun vorbei an geschlossenen Geschäften, und wir standen vor den quadratischen Türmen von Notre-Dame und traten durch eines ihrer überreich verzierten Portale in einen doppelten Umgang mit stolzen 120 Bögen, der um den Chor herumlief. Nicht weniger als 24 Kapellen liegen an diesem Umgang, von denen die Mehrzahl reich dekorierte Altäre voller Kerzen beherbergte. In einer dieser Kapellen befand sich das Grabmal des Erzbischofs von Paris, der beim Juniaufstand 1848 einer Kugel zum Opfer fiel, als er das Blutvergießen der Aufständischen zu beenden versuchte. Der Marmor trägt die Inschrift: »Der gute Hirte gibt sein Leben für die Schafe.«

Wohl an keinem anderen Ort lässt sich die Wirkung von Buntglas in seinen verschiedenen Arrangements so erfolgreich studieren wie in Notre-Dame, besonders von der Kapelle jenseits der Apsis aus gesehen, wo die drei wunderschönen Fenster der Liebfrauenkapelle einen rubinroten Lichtstrahl über den Gang werfen, der die Säulen in einem rosenroten Schimmer badet. Aus einer anderen Kapelle zur Linken, deren Fenster nur aus hellblauem und grünem Glas gestaltet sind, dringen die ineinanderfließenden Strahlen ihrer kühlen Schattierungen und laufen neben dem heißen Karmesin, während aus der gegenüberliegenden Kapelle ein zartes Violett durch den Raum fällt und seine Sechsecke auf die Bodenplatten malt.

Zwei riesige Rosettenfenster nehmen die gesamte Breite des Querschiffs ein, ebenso eines die Ost- und eines die Westfassade der Kathedrale, während mehrere kleinere von gleicher Schönheit den Lichtgaden durchbrechen. Ein interessanter, kunstvoll geschnitzter Schirm umgibt den Chor, auf dem Szenen aus dem Leben des Erlösers und der Jungfrau Maria dargestellt sind. Drinnen schien ein Priester den Gottesdienst allein für sich selbst zu halten, er absolvierte eine Reihe von Kniefällen und murmelte, für die wenigen Gläubigen, die auf den Bänken hinter dem Gitter saßen, kaum hörbar, seine Gebete. Tatsächlich hatten die Baumeister die Kathedrale mit Beschlag belegt: Sie wurde umfassend renoviert, weshalb der Gottesdienst klein und das Kirchenschiff für die Öffentlichkeit nicht zugänglich war. Hier trug sich, hervorgerufen durch einen misslichen Anflug englischen Unternehmungsgeistes bei unserem Schatzmeister und unserer Künstlerin, die nichts ungesehen lassen wollten, ein Vorfall zu, der unsere Fantasie zum Zeitpunkt des Geschehens mit den schockierendsten Eventualitäten überflutete. In einem einzigen Augenblick sahen wir vor unserem inneren Auge sieben englische Untertanen im Kerker, die Interventionen des Botschafters, traurige Berühmtheit im »Galignoir«[24] und dergleichen, Kriegserklärung und am Ende eine patriotische Aufgabe für gut gedrillte Schützen.

Ja, jener Versuch, die Wirkung der Kanzel, von der Mitte der Kathedrale aus gesehen, zu erfassen, was nur durch unerlaubtes Betreten zu erreichen war, stellte für den prächtig ausstaffierten Kirchendiener mit offiziellem Dreispitz und Epauletten ein Ärgernis dar, aber der landesüblichen Höflichkeit verpflichtet, gewährte er uns eine Möglichkeit zur Flucht. Ob von den Danksagungen unserer Künstlerin gereizt oder vom arglosen Lächeln unseres Professors angestachelt, wissen wir bis heute nicht, aber mit unbeirrbarem Falkenauge und beherztem Griff wählte er ihn zu unserem Sündenbock und verbannte ihn hinter das Gitter, wo, wie es schien, sein Herrschaftsgebiet endete und die Szene ebenso.

Auf den Bänken am Springbrunnen gegenüber des eleganten Tour Saint-Jacques ruhten wir uns aus, um für den weiteren Tag Pläne zu schmieden. Auf dem Gerüst am neuen Théâtre Impérial sahen wir zahlreiche Arbeiter, während unten die Menschen durch den Eingang eilten, um sich für die Abendvorstellung eine Loge zu sichern.

Wir spazierten weiter und standen bald vor der amerikanischen Kirche, wo Dr. McClintock, der Gemeindepfarrer, den Gottesdienst leitete. Nach dem Abendessen lenkten wir unsere Schritte wieder in Richtung der Rue Royale und beteten zusammen mit den Kongregationalisten. Hier sahen wir auch unsere Freunde aus Genf wieder, die Anhänger d'Aubignés, mit denen wir Aufzeichnungen, Routen, Wetter und Durchhaltevermögen verglichen.

Der Weg zu unserem Hotel führte uns über den Boulevard des Italiens, wo die Menschen an Tischen vor den schönen Straßencafés saßen und Wein oder Kaffee tranken. Obwohl die Straßen sehr belebt waren, herrschte unter den Passanten doch eine respektvolle Ordnung. Wir waren froh, als sich vor uns der Place du Havre auftat und wir unser Hotel erreicht hatten.

Montag, 13. Juli 1863

Montag, der dreizehnte Juli, dämmerte über Paris, und da wir es für wünschenswert erkannt hatten, uns selbst und unsere gibeonitische Garderobe für die Nachwelt fotografisch festzuhalten, machten wir uns mit der erforderlichen Ausstattung einschließlich Ranzen und Alpenstöcken auf den Weg, um einen Künstler aufzusuchen, der unsere gute Stimmung und unsere Respektabilität in für uns zufriedenstellender Weise auf Papier würde bannen können, und dies zu einem weniger horrenden Preis als den fünfzig Francs, die mehrere Fotografen am Samstag gefordert hatten. Einen solchen Künstler hatte unser Kundschafter Mr James ausfindig gemacht, und zu seinem Atelier in der Rue Montmartre eilten wir nun.

Natürlich befand es sich in luftiger Höhe, weshalb sieben Stockwerke zu ersteigen waren, wobei der schärfer werdende Geruch uns verriet, dass wir uns seiner chemischen Atmosphäre näherten. Mit vollendeter Höflichkeit, wie sie nur einem Franzosen zu Gebote steht, wurden wir in das Empfangszimmer (nicht größer als ein Kleiderschrank) geführt, während seine Gattin mit gleicher Beflissenheit die Mademoiselles einlud, sich im Ankleidezimmer (ebenfalls ein Kleiderschrank) wie zu Hause zu fühlen, bis wir für den »coup de soleil« in das Glashaus alias die Galerie gerufen würden.

Nachdem die Bedingungen vereinbart waren, stellten wir uns auf und wurden einmal, zweimal, dreimal abgelichtet, aber noch immer nicht zur Zufriedenheit des Künstlers, der, liebenswürdiger Mann, die Operation ungeachtet sowohl der Verschwendung seiner Chemikalien als auch der überhitzten Verfassung seiner Modelle *ad infinitum* fortgesetzt hätte. Auf sein flehentliches Bitten hin konnten wir unsere Ausbrüche von Heiterkeit schließlich unterdrücken und unseren Zügen eine gebührende Ernsthaftigkeit verleihen (das Gegenteil unserer Gefühle) und sollten dann bei über 30 Grad Hitze auf der Galerie vor der Kameralinse freundschaftlich eng zusammenrücken. Diese Abbildung erklärten Monsieur und sein

Gehilfe für »très excellente«. Wir selbst, ob des Ergebnisses nicht ganz so überschwänglich, aber von der quälenden Hitze so weit gebracht, dass wir zu allem Ja sagten, pflichteten bei und zahlten Monsieur und Madame aus der Rue Montmartre gern unsere *devoirs*. Ich muss wohl kaum erwähnen, dass uns der Aufstieg zu Monsieurs Atelier nicht mehr eingetragen hat als eine Blamage im Wert von nur drei Francs, und nur wenn wir unsere Investition in diesem Licht betrachten, können wir uns trösten, dass wir unser Geld nicht aus dem Fenster geworfen haben. Mancher mag bezweifeln, ob eine solche Investition mit einem solchen Ergebnis sich gelohnt hat. Wir wollen uns mit derlei Debatten nicht aufhalten, denn unter allen Umständen war es ein überaus vergnüglicher Ausflug, und möglicherweise wird irgendwann die Zeit gekommen sein, wenn ein kurzer Blick auf unsere grimmigen Mienen Erinnerungen wachruft, die uns lieb und teuer sind und die unseren verbotenen Verein zu einem kostbaren Gut machen.

Wir stillten unseren Durst mit reifen Aprikosen, die wir in einer großen Markthalle erstanden, und überantworteten uns anschließend dem Führungspersonal der Omnibusse, das uns von einem Bus zum nächsten reichte, bis wir endlich an der dem Hôtel des Invalides nächstgelegenen Station abgesetzt wurden, zu dem wir pilgerten, um Altar und Sarkophag Napoleon Bonapartes zu besuchen.

Und dort schauten wir unter einer üppig bemalten Kuppel, an der kreisrunden Galerie auf dem Marmorboden stehend, zu den Toren des Hades hinüber, die von bronzefarbenen Totengeistern bewacht werden. Zu ihren Füßen steht auf dem mit dem Lorbeerkranz der Sieger geschmückten Mosaikfußboden der Sarkophag aus rotem Granit, darinnen »das gebrochene Herz von St. Helena«. Der Altar wird von vier gedrehten Säulen aus schwarz-weißem Marmor getragen, an dem bronzenen Kruzifix hängt eine Christusfigur, und das ganze Ensemble erstrahlt in dem Sonnenlicht, das von oben durch die bernsteinfarbenen Glasfenster hereinfällt. Es war ein geradezu blendender Prunk und stumpfte schon bald die Sinne ab, bis ein kleiner Spaziergang auf dem grünen Rasen draußen uns wieder erfrischte.

Auf dem Weg zum Louvre lud uns die offene Tür der Kirche St. Germain L'Auxerrois ein, deren Glocken einst das traurige Signal für den Beginn des Gemetzels in der Bartholomäusnacht geläutet hatten, einzutreten, und wir sahen noch mehr Gold, Gemälde und Buntglasfenster mit wunderbar miteinander harmonisierenden Effekten. Ein Gemälde in einer Seitenkapelle stellte einen guten Bürger dar, der in Zeiten der Hungersnot Brot an die darbenden Massen verteilt. An der Nordwand befanden sich schön geschnitzte Holzschreine und daneben, wie gewohnt, die alte Frau, die Wachskerzen zum Kauf anbot.

Die Straßen und Schaufenster von Paris sind schön anzuschauen. Wir schlenderten durch den Palais Royal mit seinen Juwelieren und extravaganten Geschäften bis zur Bourse. Dort stiegen wir zur Galerie hinauf und schauten auf das Parkett hinunter, wo fünfzehn Minuten zuvor einer der aufregendsten Handelsplätze von Paris geschlossen hatte. Als wir einen Zustand wohlverdienter Erschöpfung erreicht hatten, kehrten wir ins Hotel zurück, um zu Abend zu essen und unsere Notizen mit denjenigen der sieben, die eigener Wege gegangen waren, zu vergleichen. Mr Tom und Miss Sarah hatten das vornehmste Café in ganz Paris gefunden und zur Belohnung eine Erfrischung zu sich genommen, deren Preis nur von den oberen Zehntausend aufgebracht werden kann.

(Die Annehmlichkeiten des Pariser Amüsements sind ein zu umfangreicher Gegenstand, als dass sie in einer Fußnote abgehandelt werden könnten. – Der Herausgeber.)

Donnerstag, 14. Juli 1863

Beim Aufwachen wurde uns bewusst, wie unaufhaltsam der alte Herr mit der Sense die Tage unserer Reise niedermähte, denn dies war unwiderruflich unser letzter voller Tag in Paris.

In den Tuileries tat der Kaiser per öffentlichem Anschlag kund, wir möchten als Besucher willkommen sein, und so schritten wir, mit kaiserlicher Vollmacht ausgestattet, dahin, wurden aber schon bald von dem süßen Duft aufgehalten, der von dem Blumenmarkt vor der Madeleine aufstieg. Die Stände dort barsten von Sträußen, die so groß waren wie vier der unsrigen in Covent Garden zusammengebunden, und hinter Bergen von Nelken, Heliotropen, Rosen, Eisenkraut und Jasmin saßen die Frauen, die sie in allen erdenklichen Formen herstellten. Wir hätten einen sehr geschmackvollen und prächtigen Strauß für fünf Francs kaufen können, groß genug, um daraus vier bescheidene zu gewinnen.

Es hat wenig Sinn, Zeit und Raum darauf zu verwenden, die Zeugnisse vom weltweiten Ruhm und der Pracht des Palais de Tuileries zu bekräftigen, in dem sich die ganze Kunst der Steinmetze und Dekorateure zu konzentrieren scheint. Wir glitten auf den gebohnerten Fußböden durch eine Flucht von atemberaubenden Räumen, bis wir uns, übersatt von Gold, Glitter und Glas, erleichtert an ein offenes Fenster stellten, das über die von Efeu gesäumten Terrassen des bewaldeten Gartens schaute. Als Nächstes lenkten wir unsere Schritte zum Panthéon, einem Gebäude, das an unsere St. Paul's Cathedral erinnert und in dem die sterblichen Überreste der Heroen aus Krieg, Wissenschaft und Philosophie ruhen, die Frankreich geschmückt haben. Er ist von edlen Proportionen, deren Weiträumigkeit nicht durch übervolle Ornamentierung zerstört wird. Malereien zieren die Kuppel und die Wände, in Letzteren steckt noch die Musketenkugel von 1848, als Aufrührer das Gebäude besetzt hatten. Der offizielle Wächter, auch er ein groß gewachsener Mann mit Dreispitz und Epauletten, führte uns mit einer Laterne in die Krypta, wo wir durch ein wahres Labyrinth aus Gewölbegängen hinter ihm hereilten.

Zu seinen Kunststückchen gehörte es, mit der flachen Hand auf die Wand zu schlagen, sodass der Knall zurückgeworfen wurde wie Artilleriefeuer. Zwei besondere Gewölbe wurden zur gefälligen Besichtigung aufgeschlossen. Wir spähten in das erste und sahen einen marmornen Voltaire auf seiner beigesetzten Asche stehen. In der nächsten prangte auf einem kantigen Grabmal der Name Rousseau. Beides Männer, die die Franzosen mit Freuden ehren.

Auf Rousseaus Grabstätte war eine Pforte nachgebildet, aus der eine Hand hervorragt, die eine Fackel hält, ein bedeutungsschweres Sinnbild, als wollte er zurückkehren, um seinen Freunden den Pfad zu erhellen, den er für sich selbst verdunkelt hatte. Hier deklamierte die sonore Stimme des Wächters, eines auf seine Art sehr talentierten Mannes, die Worte: »Sein Körper weilt hier, seine Seele im Himmel.«

Vom Dach des Panthéon aus Paris von oben zu sehen war unwiderstehlich und durfte unter keinen Umständen versäumt werden, auch wenn wir Mr James vor dem Louvre auf uns warten ließen. Hin und her gerissen zwischen dem Vorsatz, die Gutmütigkeit unseres stets zuvorkommenden Freundes nicht übermäßig zu strapazieren, und dem Verlangen, uns diesen Wunsch zu erfüllen, schlossen wir einen Kompromiss und rasten die 480 Stufen hinauf und hinunter.

Wir wurden reicher entlohnt, als wir es verdienten, denn in der rauch- und wolkenfreien Luft schweifte der Blick im Kreise über ganz Paris, seine Kirchen, Paläste und Parks und über die Seine mit ihren vielen Brücken, die die Stadt von Ost nach West durchschneidet. Wir standen gut 80 Meter über der Straße und doch nur ein Drittel so hoch wie der Fels, von dem der Staubbach seine Wasser sprüht. Ein dreiminütiges Wettrennen, und wir waren wieder unten im Innenraum und schon bald am Louvre, wo wir unsere Zeit zwischen den Kuriositäten aus Pompeji und der Antike voll auskosteten. In der Galerie der Originalskizzen alter Meister entdeckten wir neben anderen den ersten Entwurf in Sepia zu Granets berühmtem Gemälde *Chor der Kapuziner*. Dieses Gemälde hatte, in seiner nun vollendeten und vom Alter gefärbten Schönheit, bei der Ausstellung im Uhrenturm von Manchester 1857 so viele Bewunderer gefunden und ist heute ein Juwel der Devonshire-Sammlung in Chatsworth House. Das Licht des Mondes fällt durch die Fenster der Kapelle auf die bleichen Gesichter in der Prozession der Mönche, sodass man beim Betrachten leicht auf die Vorstellung verfallen kann, ihre gemessenen Schritte zu sehen und sie die Vesper der Mitternachtsmesse singen zu hören.

Der Bericht von unserem Besuch im Louvre handelt am Ende mehr von dem, was wir getan hätten, als von dem, was wir getan haben, denn zwei unserer Reisebegleiter verbrachten die Zeit mit kurzen Ruhepausen, jenen berühmten Nickerchen auf den bequemen Stühlen in den Ecken, um auf Aufforderung durch die Wacheren und Enthusiastischeren von uns zum nächsten Raum fortzuschreiten.

Nach dem Louvre suchten wir Abwechslung im Bois de Boulogne, aus dem wir unverzüglich wieder zurückkehrten! Für weitere Beschreibungen zu diesem beliebten Ausflugsziel der Pariser müssen wir auf Mr James, Miss Eliza und Miss Mary verweisen.

Am Abend schlenderten wir über die Champs-Élysées und genossen in der milden Luft die vielen verschiedenen Unterhaltungen, die dort unter freiem Himmel so annehmlich dargeboten werden und in denen man die Unbeschwertheit der Franzosen aufs Vollkommenste dargestellt sieht, so wie auch ihren Geschmack, der sich in der Brillanz der gespiegelten Orchester und überhaupt in der Schönheit der Umgebung zeigt.

Mittwoch, 15. Juli 1863

An unserem letzten Tag in Paris mussten wir feststellen, dass Seine Kaiserliche Majestät unsere Pläne, die Gobelins zu besichtigen, durch eine Änderung der Einlassbedingungen zunichtegemacht hatte, indem nämlich eine Anmeldung mehrere Tage im Voraus erforderlich war. Also gingen wir zur Kirche Saint-Roch, um die außergewöhnliche Kalvarienkapelle zu besichtigen, eine große Seitenkapelle, die durch eine unsichtbare Öffnung von oben beleuchtet wird und in der aus Stein der Kalvarienberg nachgebildet ist, darauf unser Erlöser am Kreuz und Magdalena weinend zu seinen Füßen. Links davon eine Nische mit acht Figuren, die Vorbereitungen für die Kreuzigung zeigen, ebenfalls in Lebensgröße und klug ausgeführt.

Zur Rechten sahen wir große Felsen und den Eingang zu einer Höhle, davor Figurengruppen, die die Grablegung Jesu darstellen, Josef von Arimathäa und seine Diener, die den Leichnam tragen, begleitet von den Marien, deren Seelenqual in ihren gemeißelten Zügen kraftvoll ausgedrückt ist. Ein Tableau von ungeheurer Wirkung. Noch viel mehr Gemälde schmückten die Kirche, unter anderem ein *Ecce Homo* von Ary Scheffer.

Als Nächstes gingen wir zum Louvre und besichtigten die Galerie der alten Meister. Rubens mit seiner Glut in Rot und Gelb, das keusche Blau und Weiß in Murillos *Unbefleckter Empfängnis*. Paolo Veronese versammelt bei seiner *Hochzeit zu Kanaa* nicht weniger als 99 Figuren. Das Gemälde sei 40 000 Pfund wert, sagte man uns. Géricaults *Das Floß der Medusa* ist ein viel beachtetes Werk, das vor dreißig Jahren in England gezeigt worden war und wegen seiner ausdrucksstarken Darstellung der schwindenden Hoffnung der auf dem Floß Gefangenen viel Aufsehen erregte. Die düsteren Farben tragen in nicht geringem Maße zu der eindringlichen und getreuen Wirkung tödlicher Verzweiflung bei. Es ist eine Szene tiefster Verzweiflung, in der am Horizont ein Segel auftaucht und ein Schimmer der Hoffnung die matten Bemühungen der armen Seeleute anfacht, die sich erheben, um ein Notsignal zu winken, andere sich jedoch von dieser Hoffnung nicht anstecken lassen und benommen und in blanker Verzweiflung dasitzen und ihre Toten in den Armen halten.

Sehr viele Damen kopierten die Gemälde, und ein betagter Herr, dem Aussehen nach um die achtzig, war nicht weniger vertieft als sie.

Die napoleonischen Relikte wurden in einem Maße verherrlicht, wie es Flachglas und äußere Installationen nur hervorbringen können. Der originale beigefarbene Mantel, allseits bekannt aus den Gemälden von *Napoleon bei der Überquerung der Alpen*, hängt an einem Haken, nur um wenige Mottenlöcher schlechter als zu Zeiten seines Trägers. Auf einem samtenen Kissen liegt das Cambrai-Tuch, das die Braue des sterbenden Mannes im Exil trocknete. Daneben die Krönungsgewänder, sein Feldbett und der Sekretär, die ihn auf allen seinen Feldzügen begleiteten. Könnten sie doch nur von den Intrigen erzählen, dachten wir, die auf dem einen ersonnen, und von den Briefen, die auf dem anderen geschrieben worden waren, welch eine Autobiografie der Machenschaften und des Leides das ergeben würde.

Doch die Uhr im Innenhof schlug vier, und es war höchste Zeit, die Vorbereitungen für die Heimreise der ersten Abordnung unserer Reisegruppe zu treffen.

Es war für nicht ratsam erklärt worden, eine so kostbare Fracht wie den gesamten Junior United Alpine Club auf einem einzigen Dampfschiff aufs Spiel zu setzen, und so hatten sich die beiden Schwestern sowie die Herren James und Thomas Henry freundlicherweise bereiterklärt, noch einen Tag auf dem Kontinent zu verbleiben, während die Cousinen ihre Gesichter gen Heimat richteten.

Den Reisenden wurde ein schnelles Abendessen serviert, gefolgt von einem längeren, nicht enden wollenden Vortrag und einigen letzten Worten, bevor wir uns entschlossen an den Aufbruch machten und, die Überpünktlichkeit kontinentaler Eisenbahnbediensteter vergessend, den letzten Abschied so lange hinauszögerten, dass wir am Ende Schwierigkeiten bekamen, überhaupt noch das Gepäck aufzugeben. Mit der Artigkeit, die unveränderlich sämtliche Mitglieder des Junior United Alpine Club auszeichnet, gaben alle ihrem Wunsch Ausdruck, die Abreisenden zum Bahnhof zu bringen. Begleitet wurden wir von dem gesamten verfügbaren Hotelpersonal, das für die verschiedenen Gepäckstücke zuständig war.

Der Clubvorstand hatte auf Antrag der weiblichen Mitglieder alle Einschränkungen bezüglich der Gepäckmenge aufgehoben, da sie angesichts all der Verlockungen der Pariser Geschäfte unmöglich einzuhalten waren. Es war nur Zeit für einen kurzen und eiligen Abschied, alle Clubmitglieder versuchten, über die Absperrung hinweg und in der ewigen Anwesenheit des *gendarme* allen anderen zugleich die Hand zu schütteln.

Die Heimreisenden gaben sich für die restlichen Nachtstunden Überlegungen hin, wann und ob überhaupt man sich jemals wiedersehen werde, und falls nicht, herrschte Dankbarkeit vor für die Hoffnung, die ein jeder Christenmensch hegen darf, dass wir uns am Ende alle in dem einen glücklichen Hause wiedersehen würden.

Wir hatten eine bequeme Fahrt und erreichten Dieppe drei Stunden vor Ablegen des Dampfers. Dennoch verspürten wir nur wenig Neigung, unsere Bekanntschaft mit diesem durch und durch französischen Seehafen mitten in der Nacht aufzufrischen, und gingen also, ganz praktisch denkend, schon an Bord, um so gut zu ruhen, wie es in den Kojen eines zweitklassigen Dampfers eben möglich ist. Immerhin blieb uns die missliche Übelkeit erspart, und wir konnten die unbequemen Stunden der Überfahrt durch einen kurzen Schlaf überbrücken, auch wenn uns andere nächtliche Schrecken noch in lebendiger Erinnerung sind.

Donnerstag, 16. Juli 1863

Es gibt keinen langweiligeren Hafen auf der Welt als Newhaven. Der Ouse fließt, ganz unbegleitet von stolzen Klippen oder überhaupt irgendetwas Stolzem, völlig unaufgeregt ins Meer, flankiert nur von dem großen hölzernen Bahnhofsgebäude und dem Zollhaus. Und dennoch schritten wir mit einem nicht alltäglichen Gefühl der Freude über die letzte Planke, unterzogen uns dem prüfenden Blick des Zöllners – nun kein *douanier* mehr –, verspeisten ein deftiges Frühstück statt eines *déjeuner* und nahmen schließlich den Zug in die Stadt.

Die Erinnerung an unsere dreiwöchige Reise hat viele leuchtende Flecken, aber keiner davon ist auf seine Art kostbarer als das Glücksgefühl, das wir verspürten, als wir den Fuß wieder auf englischen Boden setzten und unsere Muttersprache hörten. Es folgten ein sehr lebhafter Tag in London, ein Besuch des Crystal Palace und auf verschiedenen Wegen und Mitteln die Fahrt nach Hause.

***

Es kam noch zu einem weiteren Treffen am Bahnhof London Bridge. Die in der Stadt anwesenden Clubmitglieder wollten ihren Gefährten in Höflichkeit nicht nachstehen und waren zur Stelle, um die Rückkehrer in Empfang zu nehmen.

Es gab viel zu erzählen von einem richtigen Besuch im berühmten Bois de Boulogne und einem Tag in den endlosen Gemäldegalerien und Gärten von Versailles, der angenehmen Heimreise, dem »mitternächtlichen Spaziergang an der traurigen Küste« von Dieppe und der gleichen freudigen Heimkunft an englischen Küsten.

Und als verfügte der Club über ein freimaurerisches Symbol, kam es, obwohl wir uns nun endgültig verabschiedet hatten, zu einem weiteren Zusammentreffen am Fuße der Royal Academy, auch entdeckten wir inmitten der Menschenmenge auf der Cheapside die inzwischen wohlvertraute Tasche samt Regenschirm unseres Poeten und ihren Besitzer (wie immer) ganz in der Nähe.

Auch wenn wir mit unserem Kurzbesuch in Paris zufrieden waren, müssen wir doch eingestehen, dass wir es in eher unvorteilhaftem Lichte sahen. Die Wirkung unserer erlebnisreichen Tour durch die Schweiz und die dem schnellen Reisen geschuldete Übermüdung überkamen uns gerade dann, als größtes Durchhaltevermögen gefordert war, um die Strapazen einer Besichtigungstour durch eine Großstadt zu bestehen.

Die Schönheiten von Paris stehen ganz anders da, wenn man sie mit unserer englischen Hauptstadt vergleicht, die sie bei Weitem übertreffen, statt mit den Wundern der Berge, neben denen alles von Menschen Geschaffene armselig daherkommt.

Falls es irgendeines Beweises für das Durchhaltevermögen des Alpine Club bedürfte, dann wäre er darin zu sehen, dass fast alle die Besichtigungstouren in Paris mit der gleichen Tatkraft absolvierten, die schon die gesamte Reise gekennzeichnet hatte.

Der Zahlmeister, dessen Moral nach dem Abstieg von der Rigi etwas eingebrochen war, kehrte, als seine Zeit abgelaufen war, gerne nach Hause zurück.

Mit der größten Freude schauen wir auf unsere Schweizer Wanderungen zurück sowie auch auf die Erinnerung an die angenehme Gesellschaft, die so viele nachfolgende Stunden belebt hat.

Wir fühlten uns, wie Dr. Vaughan es so trefflich beschreibt: »Und so hatten wir ein Land hinter uns gelassen in dem Bewusstsein, von einer ganzen Welt still wirkender Gedanken und Gefühle in Besitz genommen zu sein, die ohne das, was wir dort gesehen und gehört hatten, nie die unsere hätte werden können.«[25]

Wir hatten ein breiteres Wissen über die menschliche Natur und Gewohnheiten der Eigenständigkeit erlangt und wertvolle Lektionen über unsere eigene Unwissenheit erhalten, die uns für alle Anstrengungen und unvermeidlichen Unannehmlichkeiten, die zum Reisen in einem fremden Land dazugehören, überreich entschädigten.

***

Die Mitglieder des Clubs haben, in ihrer Eigenschaft als Professoren der Bacon'schen Philosophie, folgenden Ratschlag des großen Philosophen in ihren Annalen festgehalten und im Praktischen zur Anwendung gebracht: »Wenn ein Reisender nach Hause zurückkehrt, soll er die Länder, die er bereist hat, nicht ganz und gar hinter sich lassen, sondern die Beziehung zu denjenigen seiner Bekanntschaften pflegen, die von größtem Wert sind.«[26]

ENDE

APPENDIX

Appendix I

Garderobe für den Gentleman, am Ende einer vierzehntägigen Tour durch die Schweiz aus dem Reisekoffer zu entnehmen:
Kleiner Beutel, darin:
1 sauberes Hemd
Taschentücher
2 saubere Kragen
1 Paar Strümpfe
1 Zahnbürste
Schreibutensilien
1 Taschenkamm
sowie
Schirm und Mantel.
Obige Ausrüstung wurde mit der Siegermedaille des Junior United Alpine Club ausgezeichnet.

***

Ausstattung für die Dame für sieben Tage:
Regenmantel im Beutel
Regenschirm

Kleine Schachtel, 25 auf 20 Zentimeter (die vom Kaufmann für Borwick's deutsches Backpulver verwendeten eignen sich ganz hervorragend). Das Etikett kann nach Geschmack entfernt werden oder nicht. Womöglich hat es Vorteile, es zu entfernen, da es andernfalls zu falschen Einträgen im »Gästebuch« kommen könnte. Sollte der Deckel brechen, verleiht das der Schachtel Ähnlichkeit mit einem Chalet. Diese Schachtel enthielt die Grundausstattung an Toilettenartikeln für die Dame.

Erster Platz

NB: Dreckige Wäsche kann in den Hotels gewaschen werden.

Appendix II

Folgender Bericht über unsere Exkursion ist dem Herausgeber von einem Clubmitglied zugegangen. Er ist aufgrund seiner Kürze unbedingt bemerkenswert und soll deshalb hier wiedergegeben werden:

»Bericht über eine Reise durch die Schweiz und Frankreich, 26. Juli bis 16. Juli 1863, 21 Tage, 19 Pfund, 17 Schilling und Sixpence.

W. W. Morrell
Zahlmeister.«

ANMERKUNGEN DER ÜBERSETZERIN

1 Johanna Leaf, Selina und Hilary sind Figuren aus dem Roman *Mistress and Maid* (1863) von Dinah Mulock Craik, einer viel gelesenen Zeitgenossin von Charlotte Brontë und George Eliot.

2 *Le Siècle* war eine französische Tageszeitung (1836–1932), die anfänglich aufseiten der konstitutionellen Monarchie stand, nach 1848 aber eine zunehmend republikanische Ausrichtung annahm.

3 Seine strenge Kirchenzucht und seine einflussreiche Stellung hatten dem Reformator Calvin den Beinamen »Diktator von Genf« oder auch »Papst von Genf« eingebracht.

4 Siehe John Murray (Hg.), *A Handbook for Travellers in Switzerland, and The Alps of Savoy and Piedmont*, London, Leipzig, Paris 1838. Dem englischen Verleger John Murray haben wir neben der *Handbook-for-Travellers*-Reihe auch die Erstausgabe von Charles Darwins *On the Origin of Species* (1859) zu verdanken.

5 Zitat aus der Ballade »The Diverting History of John Gilpin« (1782) von William Cowper (1731–1800). Die angesprochene »berühmte Reisende« ist die Ehefrau des Protagonisten John Gilpin.

6 Albert Richard Smith (1816–1860) hatte sich mit Vorträgen über seine Reisen nach Konstantinopel und Ägypten und durch Indien einen Namen gemacht. Besondere Berühmtheit erlangte er mit der Aufführung »Mr Albert Smiths Besteigung des Montblanc« in der Londoner Egyptian Hall, die zwischen 1852 und 1858 ganze 2000 Mal gegeben wurde. Sie trug wesentlich zur Popularität des Bergsteigens im viktorianischen England bei. Folgerichtig gehörte Albert Smith auch zu den Gründungsmitgliedern des Londoner Alpine Club im Jahr 1857.

7 Ein biblischer Ort im Alten Testament, welcher auch in Zeiten der Hungersnot Nahrung für Mensch und Tier bietet.

8 John Ruskin, *Modern Painters, Volume IV (of V) – Of Mountain Beauty*, London 1856. Deutsch: *Ausgewählte Werke in vollständiger Übersetzung*, Band XIV, *Moderne Maler*, Band 4, *Die Schönheit der Berge*, aus dem Englischen von W. Schoelermann, Leipzig 1903. Alle folgenden Zitate von Ruskin stammen ebenfalls aus diesem Werk.
John Ruskin (1819–1900) war ein bedeutender Kunsthistoriker, Sozialreformer und Maler des viktorianischen Englands.

9 Siehe George Barrell Cheever, *The Pilgrim in the Shadow of the Jungfrau Alp*, New York 1846.

10 Dante Alighieri, *Göttliche Komödie*, »Das Fegefeuer«, Achtzehnter Gesang. Deutsch von Carl Streckfuß, Leipzig 1876.

11 Auszug aus dem Gedicht »Echo, Upon the Gemmi« von William Wordsworth, in: *Memorials of a Tour on the Continent, 1820*, London 1822. Deutsche Übersetzung von Thomas Eichhorn, 2014.

12 Zitat aus dem Gedicht »The Cataract of Lodore« (1820) von Robert Southey (1774–1843). Das Gedicht gilt als ein Meisterwerk der Lautmalerei.

13 Lindley Murrays (1745–1826) *English Grammar* von 1795 war jahrzehntelang das Standardwerk zum Thema, erreichte zahlreiche Auflagen und wurde in mehrere Sprachen übersetzt. Sein präskriptiver Ansatz trug ihm den Spott von Zeitgenossen und nachfolgenden Generationen ein, und so stuft er auch die hier von Miss Jemima verwendeten Begriffe als »low expressions« ein (16. Auflage, New York 1809).

14 Henry Wadsworth Longfellow, *Hyperion: A Romance*, New York 1839. Deutsch: *Hyperion. Cisatlantische Bilder eines Amerikaners*, Grimma und Leipzig 1851. Die folgenden Kapitel enthalten mehrere Zitate aus diesem Roman.

15 Aus dem Gedicht »Die Lotos-Esser« von Alfred Lord Tennyson (1832).

16 Charles Joseph La Trobe, *The Alpenstock Or, Sketches of Swiss Scenery and Manners 1825–1826*, London 1829.
Charles La Trobe (1801–1875), der später der erste Vizegouverneur der neu gegründeten Kolonie Victoria (Australien) werden sollte, war ein

begeisterter Bergsteiger, der als junger Mann mehrere Alpenexkursionen unternahm und Reiseerzählungen veröffentlichte.

17 Paul Flemming ist der Protagonist aus Longfellows Roman *Hyperion*.

18 John Murray, *A Handbook for Travellers in Switzerland*.

19 John Tyndall, *The Glaciers of the Alps: Being a Narrative of Excursions and Ascents* (1860). Deutsch: *Die Gletscher der Alpen*, Braunschweig 1898.
John Tyndall (1820–1893) war Physiker und Bergsteiger. Er unternahm mehrere Versuche, das als unbesteigbar geltende Matterhorn zu bezwingen. Die erstmals von ihm bestiegene Südwestschulter des Berges trägt heute seinen Namen (Pic Tyndall).

20 Der Begriff »Abwegswiese« stammt aus John Bunyans christlichem Erbauungsbuch *The Pilgrim's Progress from This World to That Which Is to Come* (1678). Deutsch: *Die Pilgerreise zur seligen Ewigkeit*, Barmen 1859.

21 Isaac Watts (1674–1748) ist besonders als Verfasser von Kirchenliedern und Hymnen bekannt.

22 Das Zitat entstammt dem Kapitel »Sunrise on the Righi« von George Barrell Cheever, *Wanderings of a Pilgrim in the Shadow of Mont Blanc and the Jungfrau Alp*, Glasgow 1848.

23 Die Tauchnitz-Edition, die von 1842 bis 1943 im Bernhard Tauchnitz Verlag, Leipzig, erschien, war eine beliebte Ausgabe britischer (später auch amerikanischer) Literaturklassiker.

24 Die französische Buchhandlung Galignani gab seit dem Ende des 18. Jahrhunderts eine Reihe fremdsprachiger, vor allem englischer Texte heraus. Ab 1814 gesellte sich die Tageszeitung *Galignani's Messenger* hinzu, in der aktuelle Nachrichten für englische Leser veröffentlicht wurden. Möglicherweise handelt es sich bei dem genannten »Galignoir« um eine Anspielung auf diesen Titel.

25 Robert Alfred Vaughan, *Memoirs of Robert Alfred Vaughan*, London 1864.

26 Das Zitat stammt aus Francis Bacons Essay »Of Travel« (1625).

Historische Abenteuer für Entdecker!

Julia Keay

Mehr Mut als Kleider im Gepäck

Frauen reisen im 19. Jahrhundert durch die Welt

Mit Mut und Pioniergeist in die exotischsten Winkel der Erde – vor diesen reisenden Frauen vergangener Jahrhunderte muss man den Hut ziehen!

Dava Sobel

Längengrad

Die wahre Geschichte eines einsamen Genies, welches das größte wissenschaftliche Problem seiner Zeit löste

Wie der schottische Uhrmacher John Harrison den Chronometer erfand. »Eine fabelhafte Reise durch Raum und Zeit.« Die Zeit

Caroline Alexander

Die Endurance

Shackletons legendäre Expedition in die Antarktis

Die wohl spektakulärste Rettungsaktion der Polargeschichte – fesselnd erzählt, mit Originalstimmen der Crew und Fotos des Expeditionsteilnehmers Frank Hurley.

MALIK NATIONAL GEOGRAPHIC

10/1063/02/3s